Kyra Buschak & Michael Becker

Ostfriesland

Radeln für die Seele

15 Wohlfühltou

D

Alle Touren auf einen Blick

AUSZEITEN

ENTSCHLEUNIGUNG

ERFRISCHUNG

THE
NORTH
FACE

Moin,

in Ostfriesland finden alle meerverliebten Deichkinder und Seeluftgenießer, die von der ostfriesischen Nordseeküste nicht genug bekommen, facettenreiches Fahrradvergnügen mit dem Wind im Rücken und der Sonne im Gesicht. Nun gut, auf das Wetter haben wir keinen Einfluss, aber Gegenwind stärkt bekanntlich den Charakter oder trägt zumindest zur Entschleunigung bei. Das **flache Radelparadies** in Deutschlands Nordwesten bietet jedoch weit mehr als plattes Land. Gemeinsam begeben wir uns auf eine Entdeckungsreise von den blühenden Parkanlagen der Häuptlingsburgen und Schlösser, durch die **endlose Weite saftiger Meeden,** über tiefschwarze Schlote hinein in vom **Nebel umhüllte mystische Moore.** Heimelige Restaurants verwöhnen uns mit fangfrischen Leckerbissen der Nordsee sowie vom Deich oder aus dem heimischen Bauerngarten des Gulfhofs. Zur Teetied hält die Zeit an und wir erleben die süße **ostfriesische Gemütlichkeit** – stilecht mit Kluntje und Wulkje in der Ostfriesenrose. Zufrieden schweift unser Blick von den grasenden Deichschafen am Leuchtturm zur Mühle, die sich sanft im Wind dreht. Am romantischen Hafen mit seinen Plattbodenschiffen zieht uns die Sehnsucht hinaus zu den Inseln und Kuttern, die umschwärmt von Möwen an den Seehundbänken vorbeigleiten. Erradel ein Stück Ostfriesland und erfahre, was ostfriesische **Freiheit** bedeutet!

NATUR
KULTUR
GENUSS
TOUR
GPS-Tracks zum Download

Kyra Buschak & Michael Becker

Ems-Jade-Radweg

Grüne Auszeit

In und östlich von Aurich

Ausgeruht starten wir unsere Tour im Schatten der Bäume am Parkplatz. Wir biegen rechts auf den Fahrradweg am Hoheberger Weg ein und folgen diesem in Richtung der Stadt. Pferde toben rechts von uns freudig auf der Koppel und wälzen sich im Sonnenschein. Vorbei an dem ehemaligen **Kasernengelände** gelangen wir immer weiter nach Aurich hinein. Am Ende stoßen wir auf die breite Große Mühlenstraße und überqueren diese über die Ampeln zur Linken, sodass wir schräg links gegenüber in die Wallstraße gelangen. Nach einer Weile erblicken wir vor uns die **Fußgängerzone** von Aurich und steigen ab.

Wir schieben unsere Fahrräder geradewegs hinein in die Osterstraße und schon stehen wir vor der nostalgischen **❶ Drogerie C. Maass.** Das kleine Lädchen lädt mit seinen zahlreichen Produkten von teils vergessenen Marken zu einer Zeitreise zwischen den Regalen ein. Aus dem Laden kommend, folgen wir der Osterstraße nach links ins Herz der Fußgängerzone. Nach etwa 200 Metern stoßen wir auf das **❷ Historische Museum Aurich,** das Interessierten die ostfriesische Kultur mit seinen Themenschwerpunkten „Geestkultur“ und „Residenz“ näherbringt. Nach den Einblicken in die Geschichte biegen wir links in die Hafenstraße ab. Wir folgen einem für uns verführerischen Duft und unser Sinn trügt uns nicht. Nach ein paar Metern sehen wir die Kaffeerösterei mit **❸ Café Hafen5.** Nach einer kurzen Pause im Sonnenschein geht es zurück zur Fußgängerzone, inzwischen die Burgstraße, der wir weiter nach links folgen.

__Aurich__ bezeichnet sich selbst als die heimliche Hauptstadt Ostfrieslands. Zentral in Ostfriesland gelegen, beheimatet Aurich den Sitz zahlreicher Behörden sowie das Kulturparlament Ostfriesische Landschaft.

Kilometer: 38

Höhenmeter: 60

Stunden: 4,5

RUNDTOUR

Café Hafen5

La Dolce Vita

Doch gleich vor dem grünen Wallstreifen umspielt erneut ein anregendes Odeur die Nase. Wir blicken nach links in die Gasse und entdecken an deren Ende das kleine, aber feine Restaurant ④ **La Dolce Vita.** Wer dem Ausflug ein wenig Urlaubsflair verleihen möchte, entschleunigt innen oder bei gutem Wetter in einer der zahlreichen Nischen des Gartens und lässt sich vom Personal und der mediterranen Wohlfühlküche, ganz im Stil des Namens, das Leben versüßen. Gestärkt schieben wir die Räder entspannt zurück, wie wir gekommen sind, und wenden uns nach links zum Grün des Walls. Wir besteigen unsere Fahrräder und fahren links auf den Schlossplatz samt dem ⑤ **Auricher Schloss** zu. Dieses wurde zwischen 1851 und 1855 auf den Grundmauern der Burg der Häuptlingsfamilie Cirksena erbaut, die, aufgrund des maroden Zustands des 1447 erbauten Gebäudes, zuvor abgetragen wurde. Wir halten uns rechts und verlassen das Schlossgelände über einen schmalen Weg an der uns zugewandten rechten Ecke des Schlosses. An der Julianenburger Straße angelangt, halten wir uns links und überqueren diese an der Ampel zum ⑥ **Stadthafen Aurich.** Wir folgen dem Gewässer rechts von uns und steuern in die Hasseburger Straße, die wir sogleich nach links in die Tannenbergstraße verlassen. Wir fahren rechts und erreichen über Pflaster- und Klinkersteine den **Ems-Jade-Kanal.** Den Kanal zur Rechten und die Häuser links von uns, folgen wir der Wasserstraße.

Langsam tasten wir uns unter engen Brücken hindurch, immer weiter aus dem Stadtbild heraus. Freudig winken wir der Besatzung eines Schiffs und spüren inmitten grüner Natur den kühlen Fahrtwind. Licht

Für die Seele

Gespannt folgen wir dem glitzernden Kanal durchs Blätterdach und schöpfen im kühlen Moorwald neue Kraft.

Marstall/Arkadengang beim Schloss Aurich

*Seit 1888 verbindet der **Ems-Jade-Kanal** die Ems mit dem Jadebusen. Auf einer Streckenlänge von 72 Kilometern können historische Brücken und Schleusen betrachtet werden. Der abwechslungsreiche Streckenverlauf führt durch Marsch, Geest sowie Moor und entwässert die Region.*

Ems-Jade-Kanal

und Schatten wechseln sich im zarten Grün der Bäume ab. Immer wieder tauchen Bänke am Wegesrand auf, und in der Ferne sehen wir den roten Bogen einer Brücke über den Kanal. Dort angekommen, verschnaufen wir kurz beim kleinen **Rastplatz,** ehe wir erneut beherzt in die Pedale treten. Aufgeweckt schnatternd erheben sich ein paar Enten aus dem schwarzen Wasser, als wir vorbeifahren. Wo sie gerade noch saßen, funkeln nun magisch die Reflexionen der Sonne auf den Wellen. Mehrere Boote stehen dicht an dicht am Ufer gegenüber. Den Grund dafür erkennen wir sogleich. Die **7 Wiesenser Schleuse** öffnet gerade gemächlich ihre Tore, um die Schiffe gemeinsam aufzunehmen. Nach der Schleuse unterqueren wir eine Brücke und vor der nächsten knickt der Weg links weg. Wir folgen diesem zu einem **weiteren Rastplatz.** Gleich darauf folgen wir der Straße schräg links, um umgehend nach rechts in den Kippweg zurück Richtung Kanal abzubiegen. Es geht weiter entlang des Kanals, bis rechter Hand die ersten Häuser direkt hinter der Straße stehen. Links von uns taucht ein **kleines Wäldchen** auf und wir biegen nach links auf Zum Kanal ab. Wir folgen der Straße eine Weile vorbei an militärischem Sperrgebiet rechts von uns, bis wir an der nächsten Kreuzung auf den Meerweg stoßen und links abbiegen. Wir befinden uns allein auf der breiten Straße und folgen dieser vorbei an dem **Baggersee Kieskuhle.** Die Alleebäume spenden uns Schatten unter ihrem grünen Blätterdach. So gelangen wir zur Brockzeteler Straße, die wir halb links in den Lukweg überfahren. Vor uns drehen sich verschiedene Generationen von Windrädern majestätisch im frischen Wind. Beim Bauernhof biegen wir nach rechts in den Düvelsmeerweg ab, den wir bei der

nächsten Möglichkeit nach links auf Zum Lukmoor verlassen. Vorbei an muhenden Kühen auf saftigen Wiesen sowie einzelnen Häusern erreichen wir die Spekendorfer Straße im gleichnamigen Örtchen. Wir folgen dieser nach links über eine kleine Brücke. Nach etwa 1 Kilometer wenden wir uns nach rechts in den Wassermühlenweg, der uns erneut hinaus auf die Felder führt. Bei einem kleinen Wasserlauf, dem **Burgschloot,** halten wir kurz inne und genießen die absolute Stille. Die Seele baumelt zwischen dem hoffnungsvoll ins Wasser starrenden Reiher und den sich im Wind wiegenden Gräsern der Felder. Beschwingt radeln wir den Weg entlang, bis wir auf den **Ostfrieslandwanderweg** am Al-

Schleuse Wiesens

Moorwald Plaggenburg

ter Heerweg treffen. Wir biegen links in die kleine Allee ab und lassen uns von dieser hinein in den **8 Moorwald Plaggenburg** tragen.

*Der **Moorwald Plaggenburg** ist durch Renaturierung entstanden. Für die Wiedervernässung wurden Gräben verschlossen, um einen möglichst naturnahen Zustand aus Moorflächen und Eichen, Birken, Eiben sowie Weiden zu erreichen.*

Die Spekendorfer Straße wird gekreuzt und nach wenigen Metern erreichen wir eine weitere kleine Kreuzung. Wir biegen nach links in Richtung des Waldes auf Drift ab. Gleich hinter den ersten Bäumen geht es für uns scharf rechts auf einen kleinen und schmalen Pfad, der sich hinter dem Waldrand verbirgt. Sanfter Nebel liegt zwischen den Bäumen und verleiht mit den zahlreichen kleinen Tümpeln dem Weg etwas Mystisches. Vorsichtig umfahren wir die Pfützen vergangener Wolkenbrüche, die auch die Tümpel speisen. Wir folgen dem weitgehend naturbelassenen Weg nach links tiefer in den Wald hinein. Der Waldboden wird feuchter und unzählige Moskitos umschwirren uns, als wir auf eine kleine Holzbrücke über tiefschwarzes Wasser stoßen. Wenige Meter weiter gelangen wir zum **9 Aussichtspunkt Moorwald** und erblicken eine skurrile Szenerie. Abgestorbene Bäume stehen oder liegen halb versunken im schwarzen Wasser eines Sees mitten im Wald. Der Rastplatz samt Bank lädt zum Verweilen und Entdecken ein. Gänse ziehen schnatternd zwischen den Bäumen ihre Bahnen und die fröhlichen Rufe der Frösche kündigen den Abend an, sodass wir uns erneut auf die Drahtesel schwingen. Eine Blindschleiche schlängelt sich noch schnell über den Weg, ehe sie im Moos und Geäst des Waldes verschwindet. Der knirschende Schotterweg führt uns geradeaus durch den Wald auf den Parkplatz beim **10 Kletterwald Aurich** zu. Wer noch Kraft hat, kann sich hier mit Drahtseilen gesichert an über 70 Stationen austoben.

Dietrichsfeld
Middels-Westerloog
Meerhusener Wald
210
Plaggenburg
Moorwald Plaggenburg
Spekendorf
Tannenhausen
Spekendorfer Straße
Pfalzdorf
Sandhorst
Neu Wallinghausen
Brockzetel
Aurich
P
Wallinghausen
Egelser Straße
Brockzeteler Moor
Kollrunger Moor
Haxtum
Egels
Osterfeld
Ems-Jade-Kanal
Popens
Wiesens
72
Kirchdorf

ALLES AUF EINEN BLICK

Entspannung 4/5
Abenteuer 4/5
Vielfalt 5/5

WIE & WANN

Überwiegend asphaltierte Wege. Die Passage im Wald führt über Schotter- und naturbelassene Waldwege. Ganzjährig befahrbar, nach längeren Regenperioden den unbefestigten Waldweg meiden und dem Ostfriesland Wanderweg weiter nach Aurich folgen. Der Moorwald Plaggenburg ist ganzjährig ein magisches Erlebnis.

HIN & WEG

Auto: Parkplatz beim Kletterwald Aurich, Dickfehler Weg 52, 26605 Aurich
ÖPNV: Keine direkte Anbindung an die Strecke

ESSEN & ENTSPANNEN

3 **Café Hafen5,** Hafenstraße 5, 26603 Aurich, Tel. (0 49 41) 6 04 80 60, www.auricherkaffee.de
4 **La Dolce Vita,** Burgstraße 47 a, 26603 Aurich, Tel. (0 49 41) 9 67 15 47

ENTDECKEN & ERLEBEN

1 **Drogerie C. Maass,** Osterstraße 26, 26603 Aurich, Tel. (0 49 41) 60 77 11
2 **Historisches Museum Aurich,** Burgstraße 25, 26603 Aurich, Tel. (0 49 41) 12 36 00, www.museum-aurich.de
5 **Schloss Aurich**
6 **Stadthafen Aurich**
7 **Wiesenser Schleuse**
8 **Moorwald Plaggenburg**
9 **Aussichtspunkt Moorwald**
10 **Kletterwald Aurich,** Hoheberger Weg 165, 26605 Aurich, Tel. (0 49 41) 9 74 88 12, www.kletterwald-aurich.de

Strandübergang mit Sanddorn

Süßer Norden

In und nördlich von Norden

Wir starten unsere Radtour am **Bahnhof von Norden.** Von hier fahren nicht nur moderne Züge, sondern auch die ❶ **Museumseisenbahn Küstenbahn Ostfriesland.** Diese verband einst die Städte Emden, Norden, Jever und Wilhelmshaven. Heute lädt die Lok auf eine nostalgische Fahrt über 17 Kilometer zwischen Norden und Dornum ein. Im **Eisenbahnmuseum** des historischen Lokschuppens kann zudem tief in die Vergangenheit eingetaucht werden. Wir verlassen den Bahnhofsplatz und folgen der Bahnhofstraße in Richtung Norder Innenstadt. Sobald auf der linken Straßenseite die ❷ **Deichmühle Wagener,** die ein kleines Museum über das Müllerhandwerk beheimatet, erscheint, halten wir uns rechts und nehmen die Brücke über das Norder Tief. Nachdem wir die Querstraße passiert haben, befinden wir uns im Herzen der Stadt Norden. Hier ist das Fahrradfahren nur außerhalb der Ladenöffnungszeiten erlaubt, weshalb wir absteigen und schieben. Wer den Tag noch mit einem guten Kaffee starten möchte, muss nicht weit zu Fuß gehen, denn auf der linken Seite begrüßt die ❸ **Norder Kaffeemanufaktur** in schönem Ambiente mit erlesenen Kaffeespezialitäten. Ebenfalls auf der Fußgängerstraße befindet sich auf der rechten Seite das ❹ **Café Remmers.** Das Café lädt in dem schmalen Haus zum Träumen ein. Die Einrichtung ist romantisch und verspielt, wodurch es in jeder Ecke etwas zu entdecken

Stadtminiatur Norden

Kilometer: 36

Höhenmeter: 70

Stunden: 4

RUNDTOUR

Café ten Cate

gibt. Wir folgen der Fußgängerzone bis zum Ende, biegen links ab und fahren über die Osterstraße. Insbesondere für süßen Proviant lohnt sich ein kurzer weiterer Halt beim **5 Café ten Cate.** Liebevolle Kleinarbeit von Hand, wie der bekannte Ubbo Heide Seehund aus Marzipan aus den Kriminalromanen von Klaus-Peter Wolf, oder leckere Pralinen in vielfältigen Geschmacksrichtungen verführen uns. Anschließend folgen wir weiter der Straße und rollen am Marktplatz vorbei. Am Kreisverkehr erblicken wir das **6 Ostfriesische Teemuseum.** Dort kann nicht nur die Herstellung von Tee bewundert, sondern auch das traditionsreiche Getränk verköstigt werden.

*Die **Ostfriesenrose** gehört genauso wie Kluntje und Wulkje zur Teetied und schmückt bereits seit dem 18. Jahrhundert als Malerei traditionelles ostfriesisches Teegeschirr.*

Auch in der **7 Westgaster Mühle,** die sich 1 Kilometer weiter auf der Westerstraße befindet, kann ostfriesische Gemütlichkeit bei Tee und selbst gemachtem Gebäck erlebt werden. Der Westerstraße folgend verlassen wir langsam die Stadt Norden. Wir biegen rechts in die Brauhausstraße und anschließend links in die Straße Im Spiet ab. Nach wenigen Metern fahren wir erneut rechts auf den Hollander Weg, welchem wir bis zum Ende folgen. Hier halten wir uns links und erreichen die Straße, die uns in die Mitte der **Felder und Wiesen** Ostfrieslands führt. Wir atmen tief durch und spüren die Freiheit, die die Weite vor uns bringt. Über den Ülkebülter Weg erreichen wir einen Hof, der eine kleine **8 Kunstausstellung** zeigt. Bunte Werke aus Acryl hängen stilvoll in der ganzen Scheune verteilt und haben die unterschiedlichsten Facetten Ostfrieslands festgehalten. In jeder Ecke können wir Landschaften, Tiere oder Symbole der Nordsee entdecken, die diesen Ort zu einem wahren Ruhestifter werden lassen. Entspannt schwingen wir uns zurück auf unsere Fahrräder und rollen über den Ülke-

Westgaster Mühle

bülter Weg weiter der Nordsee entgegen. Am **Deich** angelangt halten wir uns rechts und biegen in die Deichstraße ein. Wer es kaum erwarten kann, seine Blicke über das Meer streifen zu lassen, kann bereits jetzt das Fahrrad kurz abstellen und den Deich über eine der zahlreichen Treppen emporsteigen. Oben angelangt umhüllt uns eine frische Meeresbrise. Wer den Blick über die Stadt hinter sich schweifen lässt, entdeckt vielleicht die kleine **Bimmelbahn Nordsee-Express.** Sobald wir unsere Blicke lösen können, verlassen wir den Deich. An der Ecke Deichstraße/Dörper Weg entdecken wir einen **Mast mit Sturmflutmarkierungen,** die uns daran erinnern, dass das vermeintlich ruhige Wattenmeer schnell zur rauen See werden kann.

Für die Seele

Vom süßen Norden beschwingt durch die Meeden zum weiten Meer und zu botanischen Highlights.

Hof mit Kunstausstellung

Wir folgen dem Dörper Weg und fahren an einigen Restaurants vorbei, entdecken vor dem **Tourismus Service** eine Robbenstatue und bestaunen den **Kutter „Frisia"**. Anschließend halten wir uns links und folgen dem Straßenverlauf weiter links um eine Kurve. Der kleine Fahrradweg Strandpadd kreuzt die Straße und wir biegen in diesen erneut links in Richtung Seehundstation ein. Die 9 **Seehundstation Norddeich** lockt zahlreiche Robbenliebhaber an. Jährlich werden zwischen 80 und 150 Jungtiere aufgezogen, bevor diese zurück in die Nordsee entlassen werden. Die hilflos aufgefundenen Tiere stammen von der gesamten niedersächsischen Wattenmeerküste. Bei einem Besuch erfahren wir allerhand Wissenswertes über die Tiere und das Wattenmeer. Das Highlight der Station sind jedoch die kleinen Heuler, welche durch eine Scheibe getrennt aus der Nähe zu bestaunen sind.

*Der Homepage der **Seehundstation Norddeich** können im Vorfeld die Anzahl der aktuell betreuten Robben sowie die Fütterungszeiten entnommen werden.*

Strand Norddeich

Neugierig und verspielt schwimmen sie unmittelbar an der Scheibe vorbei und fesseln unsere gesamte Aufmerksamkeit.

Beflügelt verlassen wir die Seehundstation und folgen dem Strandpadd in den Seekurgarten. Im Seekurgarten ist das Fahrradfahren verboten, weshalb wir erneut für wenige Meter unsere Fahrräder schieben müssen. Erneut am **Deich** angelangt können wir uns zurück auf die Drahtesel schwingen und den Deich hinauffahren. Oben angekommen, lassen wir uns auf der Wasserseite hinunterrollen. Meerverliebte können in den Sommermonaten auf der Dachterrasse der Strandbar **⑩ Watt n'Blick** in gemütlichen Sitzmöglichkeiten zur Ruhe kommen. Der unverbaute Blick über den Strand und die Nordsee schafft ein einmaliges Ambiente, was in den Abendstunden zu romantischen Sonnenuntergängen führt. Wir folgen der Strandpromenade in Richtung Norddeich Mole. Unmittelbar am Wegesrand befinden sich zahlreiche Dünen, die mit Sanddorn bewachsen sind. Kleine Bretterpfade führen hindurch und lassen bereits vom Fahrradweg wunderschöne Blicke auf die Nordsee zu.

Am **Hafenbecken** angelangt führt uns der Weg langsam am Deich entlang zurück auf die landesinnere Seite. Wer Lust auf eine süße Abkühlung hat, sollte sich noch mal kurz umdrehen und einen kleinen Umweg über den Swart Jidd halb rechts über die Badestraße zur Eisdiele **⑪ Frieseneis** in Kauf nehmen. Bei Eissorten wie Sonniger Sanddorn, Knuspriger Inselkrokant oder Friesischer Joghurt können wir nach dem Motto der kleinen Eismanufaktur „Wo Frieseneis drauf steht, ist Ostfriesland drin" Ostfriesland schmecken. Wir folgen

Sanddorn, *die Zitrone des Nordens, wird in Ostfriesland gerne zu Mus, Tee, Saft, alkoholischen Getränken oder Eis weiterverarbeitet. Bemerkenswert ist der hohe Vitamin-C-Gehalt und der einzigartige Geschmack.*

Windpark Norden

dem Deich über den Swart Jidd zurück, bis wir auf die Hafenstraße treffen. Beim Überqueren der Bahnschienen und Bundesstraße erhaschen wir einige Blicke auf das Treiben am **Fähranleger.** Wir lassen uns davon jedoch nicht aus der Ruhe bringen und halten uns auf der Wasserseite des Deiches vorbei am **Inselparkplatz** und **Hafengelände.** Sobald die Hafenstraße endet, rollen wir beschwingt weiter mit herrlichem Blick über das Wattenmeer geradeaus auf den **Deichschutzweg.** Wir lassen die Hektik hinter uns und finden Ruhe. Uns umgibt nichts außer dem Meer und dem Deich. Einige Schafe unterstreichen mit ihrer Gelassenheit die Ruhepause und Wattvögel begleiten uns. In den 5 Kilometern finden wir zu uns selbst und genießen die Freiheit, die von der Weite des Wattenmeers auf uns strahlt. Durch die Westwinde rollt es sich mit Rückenwind praktisch wie von allein. Bevor der Deich eine starke Linkskurve einschlägt, nehmen wir die Überquerung und folgen dieser auf die landesinnere Seite. Anschließend biegen wir rechts auf den Mandepolderweg ab. Sobald wir den Ort **Ostermarsch** erreicht haben und die Straße endet, schwenken wir erneut nach rechts auf den Fahrradweg und rollen bei nächster Möglichkeit links in den Steinweg ein. Bei der ersten Abzweigung halten wir uns rechts und bei der zweiten links. Majestätisch türmt sich der **Windpark Norden** vor uns auf. Zahlreiche Windräder umgeben uns und drehen sich lautlos im ostfriesischen Wind. Am Ende der Straße führt uns eine kleine Brücke über das Marschtief und wir folgen dem Kiesweg noch kurz am Tief entlang, bevor der Weg scharf links abbiegt. Sobald wir auf den Kaakweg

Ruhepause im Lütetsburger Forst

Wasserschloss Lütetsburg

Brücke im Schlosspark Lütetsburg

treffen, lenken wir nach rechts und treffen den **Lütetsburger Forst.** Der Duft nach feuchtem Waldboden verdrängt die salzige Meeresbrise. Immer tiefer tauchen wir in den Mischwald ein und rollen an einigen Sitzgelegenheiten vorbei, an denen wir bei einer Pause dem fröhlichen Gezwitscher der Vögel lauschen können. Der Neue Kaakweg führt uns rechts auf den Kaakweg, welchem wir immer geradeaus bis zur **Haltestation Lütetsburg** der Museumseisenbahn Küstenbahn Ostfriesland folgen. Hier angekommen, passieren wir mit Vorsicht die Küstenbahnstraße. Zu unserer Linken erscheint das **Maislabyrinth Lütetsburg.** Wer noch etwas Zeit mitgebracht hat, kann sich hier in der passenden Jahreszeit auf ein kleines Abenteuer einlassen und den eigenen Orientierungssinn auf die Probe stellen. Die Straße endet am **⓬ Wasserschloss Lütetsburg mit Schlosspark.**

Ein kleines Stück rechts die Landstraße hinunter, werden wir in den Sommermonaten im **⓭ Schlossparkcafé Lütetsburg** mit hausgemachten Kuchen und Torten sowie kleinen herzhaften Gerichten verwöhnt, die wir auf herrlichen Plätzen unter alten Rebstöcken im Wintergarten oder auf der großen Sonnenterrasse mit Blick in den englischen Privatgarten des Wasserschlosses genießen können. Nach dieser weiteren Seelenpause tauchen wir parallel zum Park über die Hauptallee erneut in das **Waldgebiet** ein. Zu unserer Rechten können wir immer wieder staunende Blicke in den Schlosspark mit Freundschaftstempel, Kapelle und Bosse Hütte ergattern.

Nach etwa 1 Kilometer endet der Park und wir folgen dem Weg in einer Rechts-links-Kurve weiter durch den Wald. Nach weiteren 1,5 Kilometern treffen wir auf den Weg II. Moorriege und biegen links ab. Bei der ersten Möglichkeit lenken wir rechts ein, bis wir den Treidelpfad am **Berumerfehnkanal** kreuzen. Auch hier halten wir uns rechts und folgen dem Pfad am Stadion vorbei zur Bundesstraße. Der Treckpad führt uns weiter zwischen Bundesstraße und Wald entlang zurück nach Norden. Dabei hält der Wald einige Überraschungen bereit und mit ein wenig Glück können wir scheue Rehe zwischen den Bäumen beobachten. Am Ende des Waldes endet auch unser Weg und wir überqueren die Bundesstraße. Anschließend folgen wir der Bahnhofstraße auf dem separaten Fahrradweg, bis wir zurück zum **Norder Bahnhof** gelangen.

*Der **Schlosspark Lütetsburg** lädt, gegen eine kleine Gebühr, zu ausgedehnten Spaziergängen ein. Von Ende April bis Juni ist die Parkanlage in eine bunte Blütenpracht der Azaleen und Rhododendren gehüllt, im Herbst bieten die Blätter der Bäume ein ebenso beeindruckendes Farbspiel.*

Schlossparkcafé Lütetsburg

Nationalpark Niedersächsisches Wattenmmer
Ostermarsch
Ostermarscher Straße
Marschtief
Norddeich
Lütetsburger Forst
72
Nordertief
Ostlintel
Neustadt
Ekel
Lütetsburg
Westlintel
Norden
Martensdorf
Tidofeld
Manningaberg
Bargebur
Westgaste
Alleestraße
Süderneuland I
Großes Holz
Norder Tief
Wurzeldeicher Straße
Süderneuland II
1
2
3
4
5
6
7
8
9
10
11
12
13
P

ALLES AUF EINEN BLICK

Entspannung 3/5
Abenteuer 3/5
Vielfalt 5/5

WIE & WANN

Überwiegend asphaltierte und feste Schotterwege. Ganzjährig befahrbar.

HIN & WEG

Auto: P+R Bahnhof/ZOB, Am Bahndamm 3, 26506 Norden
ÖPNV: Bahnhof Norden

ESSEN & ENTSPANNEN

3 **Norder Kaffeemanufaktur,** Neuer Weg 66, 26506 Norden, Tel. (0 49 31) 9 55 16 45, www.norder-kaffee.de
4 **Café Remmers,** Neuer Weg 28, 26506 Norden, Tel. (01 76) 41 41 48 16, www.cafe-remmers.de
5 **Café ten Cate,** Osterstraße 153, 26506 Norden, Tel. (0 49 31) 24 20, www.cafe-ten-cate.de
7 **Westgaster Mühle,** Alleestraße 65, 26506 Norden, Tel. (0 49 31) 1 45 27, www.westgaster-muehle.com
10 **Watt n´Blick,** Norddeich Strand
11 **Frieseneis,** Badestraße 3, 26506 Norden, Tel. (04 21) 51 70 55 88, www.frieseneis.de
13 **Schlossparkcafé Lütetsburg,** Landstraße 39, 26524 Lütetsburg, Tel. (0 49 31) 17 50

ENTDECKEN & ERLEBEN

1 **Museumseisenbahn Küstenbahn Ostfriesland**
2 **Deichmühle Wagener,** Raiffeisenstraße 1 a, 26506 Norden, Tel. (0 49 31) 1 23 39, www.deichmuehle.de
6 **Ostfriesisches Teemuseum,** Am Markt 36, 26506 Norden, Tel. (0 49 31) 1 21 00, www.teemuseum.de
8 **Kunstausstellung**
9 **Seehundstation Norddeich,** Dörper Weg 24, 26506 Norden, Tel. (0 49 31) 97 33 30, www.seehundstation-norddeich.de
12 **Wasserschloss Lütetsburg mit Schlosspark**

Bretterpfad zum Ewigen Meer

Stilles Moor

Um das Ewige Meer

Unsere Rundtour startet am ❶ **Moormuseum Moordorf.** Im Moormuseum erfahren wir ein Stück ostfriesische Geschichte. Wir wandeln auf dem federnden Moorboden vorbei an Heidschnucken und kargen Torfplaggen- sowie Lehmhütten. Anschließend erblicken wir, vom Bohlenpfad aus, das naturbelassene Hochmoor und entfliehen so in eine Welt voller fast unberührter Natur. Das Museum entführt uns mit viel Liebe zum Detail eindrucksvoll in das frühere Leben ostfriesischer Familien einer **Moorkolonie.** Die schwere Arbeit im Moor, das Zusammenleben von Menschen und Tieren sowie die Entwicklung der Behausungen im Moor führen uns auf eine Zeitreise in die Vergangenheit.

Die gemütliche Teestube **Moorgold** am Ein- bzw. Ausgang des Museums führt uns bei selbst gemachten Torten, herzhaften Speisen und warmen Getränken zurück in das Hier und Jetzt.

Gestärkt schwingen wir uns auf die Räder und fahren auf der Straße Victorburer Moor am **Abelitz-Moordorf-Kanal** entlang. Auf der linken Seite können wir durch vereinzelte Wohnhäuser Heide- und Moorlandschaft sehen und der Kanal zu unserer Rechten führt tiefschwarzes Wasser. Sobald der asphaltierte Weg zu einem festen Schotterweg wird, biegen wir bei nächster Möglichkeit links in den Königskielweg ab, der uns in den Wald hineinführt. Wir fahren an dichten Birkenbäumen vorbei und lenken bei der ersten Möglichkeit nach rechts auf den Meedeweg. Dieser führt uns durch Wiesen und Felder. Nach kurzer Zeit radeln wir an ei-

Im Zuge des Urbarmachungsedikts Preußens wurde in Moordorf eine Kolonie gegründet. Die ***Kultivierung des Moors*** *brachte aufgrund mangelnder Entwässerung und Infrastruktur größte Armut. Bis Mitte des 20. Jahrhunderts lebten hier Familien in Lehmhütten.*

Das Pseudogetreide ***Buchweizen*** *diente den Moorkolonisten als Grundnahrungsmittel und wurde z. B. zu Brei weiterverarbeitet. In vielen Cafés können wir den heute wieder beliebten glutenfreien Buchweizen in Torten oder Pfannkuchen probieren.*

Kilometer: 42
Höhenmeter: 50
Stunden: 5
RUNDTOUR

Hütten im Moormuseum

nem Bauernhof vorbei und zu unserer Linken erscheint eine kleine Allee. Wir folgen der Allee vorbei an Eichen und vereinzelten Brombeeren, bis wir tief in den Wald ❷ **Berumerfehner Moor** eindringen. Dabei müssen wir einige Schlaglöcher umfahren. Der Wald bildet einen wunderbaren Ort der Stille, an dem wir das Zwitschern der Vögel hören und das ein oder andere Reh in der Ferne springen sehen. Ein süßlicher Geruch von Springkraut liegt in der Luft. Wir gelangen an eine lichte Stelle im Wald und rechts von uns erscheint der **Löschteich** mit einer kleinen Insel in der Mitte.

*Am **Löschteich** finden wir die Nachbildung eines „Pfahlgotts" mit Informationen zum Moor. Das Original stammt aus der Region und bot in der Steinzeit Reisenden Schutz. Wir begegnen diesen, sobald wir die lokale Radroute „Ewiges Meer Route" kreuzen.*

Zahlreiche Mücken und Libellen fliegen über das pechschwarze Wasser. Unsere Route führt uns links über den Königskeil wie eine Schneise durch den Wald. Schließlich wird der Wald lichter, bis er ganz endet. Einzelne Häuser tauchen am Wegesrand auf und wir treffen auf die Deichhauser Straße. Wir biegen rechts auf die kaum befahrene Straße und folgen dieser, bis wir auf der rechten Seite den ❸ **Hofladen Ul-**

ferts erblicken. Der Hofladen versorgt mit qualitativ hochwertigen Fleisch- und Wurstwaren. Wir folgen der Deichhauser Straße weiter und biegen bei nächster Möglichkeit rechts in den Kuhlerplatz ein, bevor wir links in den Kuhtrift abbiegen. Bei nächster Gelegenheit lenken wir rechts in den Mansfelder Weg und nach einem weiteren Kilometer links in den Nordmeerer Weg. Diesem folgen wir für rund 2 Kilometer. An der Westerwieke angelangt, biegen wir rechts ab und fahren nach 1 Kilometer erneut rechts auf den kleinen Kanalweg. Von hier ergeben sich zwei Möglichkeiten. Entweder halten wir uns bei nächster Möglichkeit links und fahren über die Mittelwieke bis zu einem kleinen Waldstück. Hier biegen wir rechts auf den Weg Düwelsmeer ab. Diesem folgen wir bis zum Kuhweg, in den wir links abbiegen. Bei nächster Gelegen-

Für die Seele

Zwischen Vergangenheit und Gegenwart radeln wir staunend durch mystische Moorlandschaften.

Löschteich im Berumerfehner Moor

„Pfahlgott" im Berumerfehner Moor

heit rollen wir sogleich rechts in den Birkenweg. Vorbei am Blautorfsweg nehmen wir die nächste links in den Eschenweg, an dessen Ende wir rechts auf Türkentrift abbiegen. Wir halten uns links in den Moorweg und folgen diesem rund 2 Kilometer. Am Ende des Weges biegen wir rechts in den Mansfelder Weg ab. Bei der ersten Kreuzung halten wir uns scharf links und fahren bis zur Hauptstraße Königsweg. Wer bei trocknem Wetter ein kleines Abenteuer sucht, kann eine Alternative fahren. Wir bleiben auf dem Kanalweg und folgen diesem am **Berumerfehnkanal** entlang. Der Rand des Sandwegs ist viel bewachsen und auf der rechten Seite sind wir von Maisfeldern umgeben. Hinter einem Bauernhof halten wir uns links und stoßen auf den Tannenhausener Weg. Dieser führt uns über immer sandigere und matschigere Passagen in das Naturschutzgebiet **Ewiges Meer und Umgebung.** Trotz des anspruchsvollen Bodens sollten wir unsere Augen auf den Wegesrand lenken, wo wir zwischen den Bäumen bereits die Moorlandschaft entdecken können. Es wirkt mystisch und ruhig. Sobald die Straße endet, lenken wir links in den Mansfelder Weg und befinden uns mitten in der Natur. Ab hier ist die Strecke nur noch für geübte Fahrer zu empfehlen. Der kleine Weg schlängelt sich durch den lichten Wald, unmittelbar am Moor entlang. Besonders im Spätsommer können wir vereinzelte Heidepflanzen in voller Pracht bestaunen. Wir befinden uns mitten in einem naturbelassenen Idyll, das nur durch die zahlreichen Mücken gestört wird. Einige Stellen sind von tiefen Schlaglöchern und nahen dichten Sträuchern umgeben, wodurch es vorkommen kann, dass diese zu Fuß überbrückt werden müssen. Sobald der Pfad endet, folgen wir weiter der Straße und halten uns bei der ersten Gabelung rechts. Hier treffen die Haupt- und Alternativroute wieder aufeinander. Am Königsweg angelangt, queren wir die Straße und biegen rechts auf den separaten Fahrradweg ab. Am linken Straßenrand wartet sonntags **4 Weber's Berliner** mit einer süßen Belohnung auf uns. Anschließend queren wir erneut den Königsweg und fahren rechts in die Straße Zum Ewigen Meer. Sobald die Parkplatzstraße linker Hand erscheint, biegen wir ab und erreichen den Parkplatz Ewiges Meer. Auch wir stellen unsere Fahrräder hier ab und folgen den Schildern zum Zugang des Rundgangs **5 Ewiges Meer.** Der Bohlenweg führt uns mitten durchs Naturschutzgebiet bis zum

Ewigen Meer, dem größten Hochmoorsee Deutschlands. Bei einem Spaziergang durch die beeindruckende ursprüngliche Moorlandschaft gibt es viel zu entdecken. Libellen ziehen dichte Kreise über dem Wasser, Wollgras wiegt im frischen Wind und eine Eidechse sonnt sich am Wegesrand. Wir entschleunigen und umarmen den Moment der Vollkommenheit. Wir verlassen das ewige Meer, so wie wir gekommen sind, über die Parkplatzstraße. Zurück am Königsweg biegen wir rechts ab. Auf einem separaten Fahrradweg folgen wir der Straße für 2 Kilometer, bis wir rechts in die Goldmoorstraße einbiegen. Am Ende der Straße halten wir uns erneut rechts. Die Landschaft um uns herum ist weiterhin magisch und von Mooren geprägt. Nach wenigen Metern folgen wir nach links dem Sandstrahlweg. Der Plattenweg ist von Bäumen umgeben, wir tauchen ein in den Blätterrausch und überqueren den nachtschwarzen Abelitzschloot. Sobald der kleine Wald zu unserer Linken endet, lenken wir links in den Stickerspittweg ein. Diesem folgen wir bis zur Hauptstraße. Hier biegen wir rechts ab und folgen der Dornumer Straße 2 Kilometer, bis wir uns zwischen zwei Seen, dem **Badesee Tannenhausen** und

Blick über den Badesee Tannenhausen

Der **Badesee Tannenhausen** lädt nicht nur bei ausgezeichneter Wasserqualität zum Schwimmen und am weißen Kiesstrand zum Entspannen ein. Neben der Wakeboardanlage und dem Aquapark gibt es im Sommer ein abwechslungsreiches Freizeitprogramm.

Die Fundstücke vom rund 5000 Jahre alten **Großsteingrab Tannenhausen,** wie Schalen, Trichterbecher und andere Gefäße, können im Historischen Museum Aurich sowie im Heimatmuseum Leer bewundert werden.

einer Kiesgrube befinden. Zu unserer Rechten finden wir den kleinen Rundweg „Badesee Tannenhausen", der uns nah am Badesee vorbeiführt.

Wir folgen dem Weg bis zum Ende des Sees und gelangen auf den Stürenburgweg. Wer weiterhin viel Abenteuerlust verspürt, kann hier einen kleinen Umweg fahren. Dem Stürenburgweg folgend fahren wir rechts in die Straße Am Hünengrab und biegen erneut rechts in den Möhlenkamp ein, bevor wir vor dem **6 Großsteingrab Tannenhausen** stehen. Der Namenszusatz „Botter Brood un Kääs" bezeichnet hierbei die drei verbliebenen Originalsteine, einen Trag- und zwei Decksteine, des Grabes.

Links über den Steenkamp, rechts in die Straße Am Rondell und erneut rechts auf Am Stadion gelangen wir über den Stürenburgweg zurück zur Hauptroute. Der Badesee lädt mit seinem weißen Sandstrand und mehreren Lokalen zum Verweilen ein. Im **7 Strand Café Kanzler** haben wir bei kühlen Getränken und süßen sowie herzhaften Snacks einen wunderbaren Blick über den See. Im angenehmen Ambiente können wir den Wakeboardern zusehen und die Zeit genießen. Nach der Stärkung geht es weiter auf dem Stürenburgweg bis zum Ende der Straße, an welchem wir links auf den

Stiekelriegweg abbiegen. Erneut am Ende der Straße halten wir uns rechts und gelangen auf die Ol-Streek. Am rechten Wegesrand befindet sich der **8 Biohof Frerichs** mit einem kleinen Selbstbedienungsladen, in welchem wir viele Köstlichkeiten aus eigenem Anbau und eigener Herstellung finden. Neben Eiern, Gemüse und frischem Brot gibt es auch allerhand Marmeladen und Eingemachtes. Nach wenigen Metern lenken wir nach links und fahren am Stickersplittschloot dem Schwarzesmeerweg entgegen. Bei der Gabelung halten wir uns rechts auf Im Pulvermoor und biegen am Ende der Straße erneut rechts ab. Vor der **Goldensteinbrücke** halten wir uns links auf den Scheideweg, welchen wir bei nächster Gelegenheit rechts auf den Gasthaushelmer verlassen. Wir folgen der Straße 4 Kilometer zunächst durch Felder und Wiesen und später an Häusern vorbei. Am Moorweg biegen wir rechts ab und halten uns bei der ersten Gelegenheit erneut rechts. Über den Schleusenweg gelangen wir zur Straße Victorburer Moor, an der wir links abbiegen und den Ausgangspunkt unserer Tour erreichen.

Hofladen des Biohofs Frerichs

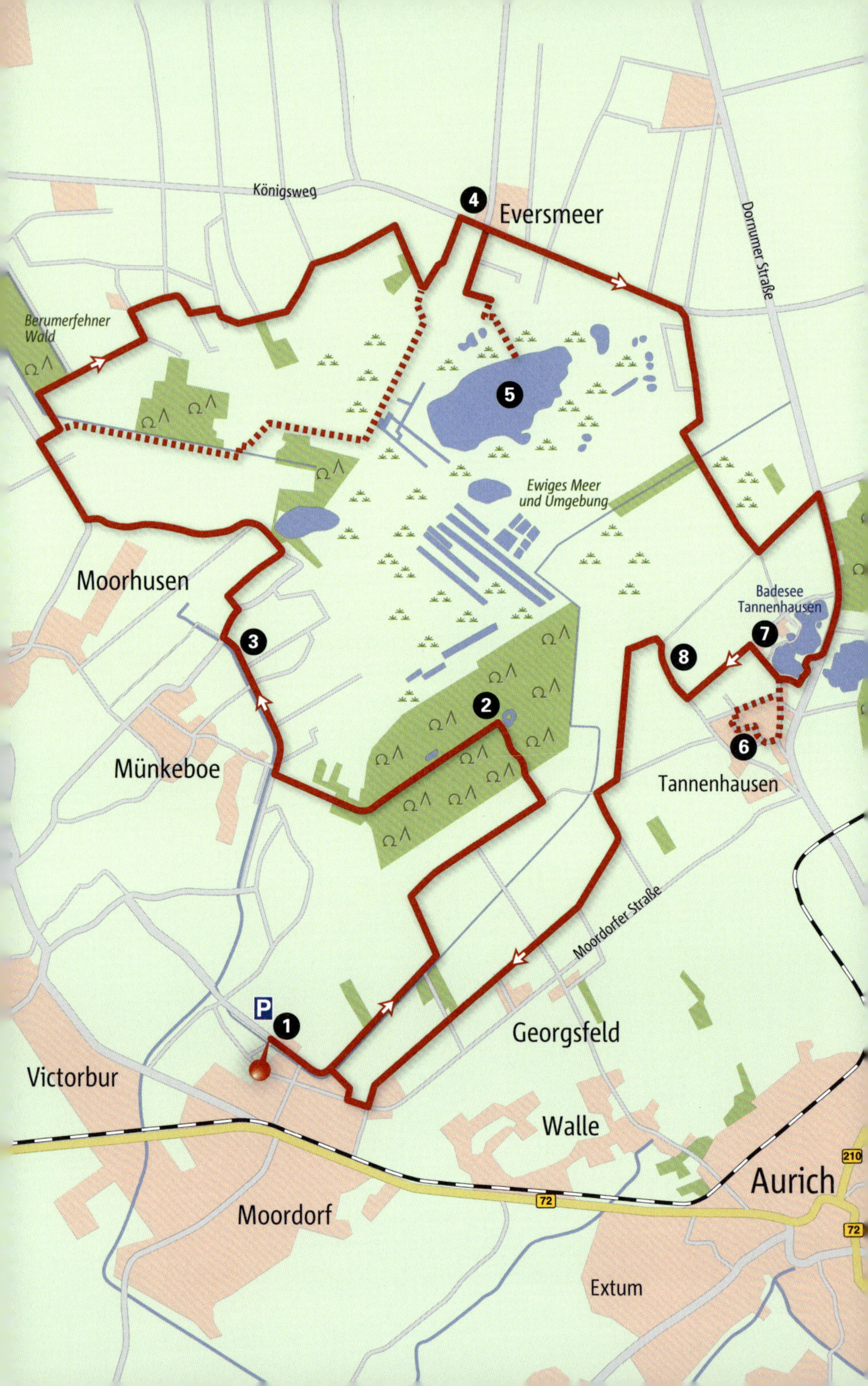

Königsweg
4
Eversmeer
Dornumer Straße
Berumerfehner Wald
5
Ewiges Meer und Umgebung
Moorhusen
3
Badesee Tannenhausen
7
8
2
6
Münkeboe
Tannenhausen
Moordorfer Straße
P
1
Georgsfeld
Victorbur
Walle
210
Aurich
72
Moordorf
72
Extum

ALLES AUF EINEN BLICK

Entspannung 4/5
Abenteuer 5/5
Vielfalt 4/5

WIE & WANN

Asphaltierte Straßen und Schotter-, Kies- sowie Waldwege im Wechsel. Die Alternativroute im Naturschutzgebiet Ewiges Meer führt über einen schmalen naturbelassenen Pfad und sollte nur bei trockenem Wetter gefahren werden. Ganzjährig befahrbar.

HIN & WEG

Auto: Parkplatz beim Moormuseum Moordorf, Grenzstraße 16, 26624 Südbrookmerland
ÖPNV: Keine direkte Anbindung an die Strecke

ESSEN & ENTSPANNEN

3 **Hofladen Ulferts,** Deichhauser Straße 47, 26624 Südbrookmerland, Tel. (0 49 42) 17 13, www.ulferts-muenkeboe.de
4 **Weber's Berliner,** Königsweg 38, 26556 Eversmeer
7 **Strand Café Kanzler,** Stürenburgweg 44, 26607 Aurich
8 **Biohof Frerichs,** Ol Streek 94, 26607 Aurich, www.biohof-frerichs.de

ENTDECKEN & ERLEBEN

1 **Moormuseum Moordorf,** Victorburer Moor 7 a, 26624 Südbrookmerland, Tel. (0 49 42) 27 34, www.moormuseum-moordorf.de
2 **Berumerfehner Moor**
5 **Ewiges Meer**
6 **Großsteingrab Tannenhausen,** Am Hünengrab 18, 26607 Aurich

Pünte

Glitzerndes Wasser

In und um Emden

*Die Seehafenstadt Emden ist **Reformationsstadt Europas.** Im 16. Jahrhundert suchten viele Protestanten aus den Niederlanden Zuflucht in Emden und einflussreiche Reformatoren wirkten in der Stadt.*

Unsere Tour beginnt am **Parkplatz Pottgießerstraße,** an der Kreuzung Jungfernbrückstraße – Agterum – Pottgießerstraße, gegenüber der ❶ **Kunsthalle Emden.**

Die Kunsthalle lädt Jung und Alt zum Entdecken ein. In regelmäßigen Abständen werden die Ausstellungen zu moderner und zeitgenössischer Kunst gewechselt. Daneben besitzt das Museum eine große Sammlung vom Beginn des 20. Jahrhunderts bis zur Gegenwart. In der hauseigenen Malschule können wir selbst aktiv werden. Wer die Fahrradtour gerne mit einem Kaffee, Tee oder Kaltgetränk starten möchte, kommt am ❷ **Henri's** im Gebäude der Malschule nicht vorbei. Das Café und Restaurant ist nach dem gleichnamigen Henri Nannen aus Emden benannt, der sein gesamtes Privateigentum und seine Sammlung in die Kunsthalle Emden steckte. Das frisch zubereitete Frühstück, die abwechslungsreiche Mittagskarte und die große Auswahl an Torten laden sowohl im Innenbereich als auch auf der Sonnenterrasse mit Blick auf die Emder Gracht zum Verweilen ein. Das Henri's selbst beschreibt sich als Ort der Begegnungen und Vielfalt. Wir lassen die Kunsthalle Emden hinter uns und den Parkplatz rechts von uns liegen. Im gemütlichen Tempo durchfahren wir die **Fußgängerzone** der Stadt Emden über die Straßen Neuer Markt und Zwischen beiden Märkten, bis wir auf den **Delft,** den Innenhafen der Stadt Emden, treffen. Wir entdecken am Beginn des Hafenbeckens die **Delftspucker.**

Die drei Klappbrücken

Kilometer: 41

Höhenmeter: 60

Stunden: 5

RUNDTOUR

Auszeit am Delft

Emden bietet eine Vielzahl an ***Museen.*** *In nächster Nähe können neben der Kunsthalle und dem Otto Huus auch das Ostfriesische Landesmuseum, Bunkermuseum, Feuerschiff, Museumsschiff Georg Breusing und die Freunde der Seefahrt sowie die Johannes a Lasco Bibliothek besucht werden.*

Verträumt lassen wir unseren Blick über die Schultern der drei Seeleute in den Ratsdelft wandern und können förmlich den pulsierenden Handel und das geschäftige Treiben vergangener Zeiten erahnen. Untermalt wird das maritime Flair von den historischen Schiffen, und das nachgebildete Renaissance-Rathaus verdeutlicht den einstigen Wohlstand. Die Tour führt uns weiter über die Straße Am Delft am ❸ **Otto Huus** und dem ❹ **Leckerpott** vorbei. In „de besünner köken" werden ostfriesische Gerichte traditionell oder auch modern interpretiert angeboten. Hinter großen Panoramafenstern können wir in die maritime Atmosphäre eintauchen.

Wir folgen der Straße Am Delft für ungefähr 600 Meter, bevor es nach dem **Gesundheitsamt Emden** links auf die Maria-Wilts-Straße geht. Wir folgen der kleinen Fuß- und Fahrradbrücke über den Delft auf die andere Seite und biegen sofort links ab. Insbesondere in den Sommermonaten herrscht bei gutem Wetter ein Schiffstreiben auf dem Wasser, welches sich lohnt zu beobachten. Zahlreiche Schiffe machen sich vom Delft in Richtung Emder Außenhafen auf den Weg und müssen an dieser Stelle alle drei Klappbrücken passieren.

Von hier haben wir zudem einen wunderschönen Blick zurück über den alten Binnenhafen. Eine kleine Auszeit am Delft mit dem Blick auf das Treiben der Stadt lässt uns neue Energie tanken. Nach einer leichten Rechtskurve halten wir uns links und passieren die **Blaue Brücke,** um über die Straße Am Eisenbahndock über den Wohnmobilstellplatz zu fahren.

Wir biegen die dritte Straße rechts ab und treffen auf die Martin-Faber-Straße. Dieser folgen wir nur für 300 Meter, bevor es links in die Friedrich-Ebert-Straße geht. Nach weiteren 150 Metern halten wir uns rechts und fahren auf den Emder Stadtwall. Von hier haben wir einen herrlichen Blick ins Grüne. Nach kurzer Zeit treffen wir auf den **Ems-Jade-Kanal,** passieren die kleine Drehbrücke und biegen sofort rechts ab. Vor uns befindet sich die denkmalgeschützte **5 Kesselschleuse.** Diese verbindet den Emder Stadtgraben mit dem Fehntjer Tief und dem Ems-Jade-Kanal. Dadurch ergibt sich eine Vier-Kammer-Schleuse, die die einzige wasserbauliche Anlage dieser Art in ganz

Für die Seele

Vom maritimen Flair begleitet durch die Seehafenstadt bis zu schimmernden Meeren.

*Die traditionsreiche Firma Fokken & Müller bietet seit über 120 Jahren den **Emder Matjes** in vielfältigen Variationen an. In der Straße Am Eisenbahndock 9 kann die Delikatesse ab Werk gekauft werden.*

Kesselschleuse

Europa ist. Zu unserer Rechten können wir mit ein bisschen Glück ein Schiff beim Schleusen beobachten und zu unserer Linken ergibt sich ein romantischer Blick auf die Emder Gracht und die Wallanlage. Unsere Route führt jedoch weiter geradeaus und somit verlassen wir, dem Ems-Jade-Kanal folgend, langsam die Stadt Emden. Nach rund 2 Kilometern überqueren wir mit der **Klappbrücke** auf der Straße Brückhörn den Ems-Jade-Kanal erneut und erblicken die Weite Ostfrieslands vor uns. Wir biegen rechts in den Uphuser Hammrichweg ein und fahren direkt wieder links auf den Schwagerweg. Im Frühjahr, wenn der Raps in seiner vollen Blüte steht, fährt man hier durch ein gelbes Blütenmeer. Wir überqueren die Brücke, erhaschen einen ersten Blick auf das Neue Tief, welches zum **Uphuser Meer** führt, und halten uns links auf dem Schwagerweg.

Uphuser Meer

Vogelaussichtsturm

Unsere Straße führt uns parallel am **Neuen Tief** und **Uphuser Meer** vorbei. Zwischen den zahlreichen kleinen Ferienhäusern können wir immer wieder das schimmernde Meer erblicken, bis das ❻ **Endjers Landhaus** unseren Blick kreuzt. Wer sich eine kleine Auszeit nehmen möchte, kann hier Energie tanken. Der Service ist aufmerksam und freundlich, mit trocknem ostfriesischem Humor. Wir verlassen gestärkt das Landhaus und fahren weiter an den zahlreichen bunten Ferienhäusern vorbei, bis wir die Ferienhaussiedlung hinter uns liegen lassen. Unser Weg führt uns immer weiter durch zahlreiche Felder geradeaus. Nach etwa 3,5 Kilometern verlassen wir den verträumten Weg und biegen links in den gleichnamigen Dobbenweg ab. Kurz darauf überqueren wir die **Emder Straße** und folgen dem Weg, bis wir erneut den **Ems-Jade-Kanal** passieren. Dem Herrenmeedeweg folgend können wir den Blick über die ruhige Graslandschaft Ostfrieslands schweifen lassen, die nur durch den Wind und zahlreiche Gänse unterbrochen wird. Nach einigen Kurven endet der Weg und wir biegen rechts auf den Woldenweg ab. Nach einer weiteren kleinen Brücke ragt auf rechter Seite ein ❼ **Vogelaussichtsturm** in die

*In Ostfriesland, wie auch in den Niederlanden, werden Binnengewässer nicht See, sondern **Meer** genannt. Ein gutes Beispiel für die Niederlande ist das bekannte Ijsselmeer. Auf dieser Tour werden wir vier ostfriesischen Meeren begegnen.*

Blick vom Vogelaussichtsturm

Höhe. Dieser bietet einen schönen Zwischenstopp im Herzen der Natur. Die Ruhe und der Weitblick lassen uns die Atmosphäre Ostfrieslands einatmen und entschleunigen. Beflügelt folgen wir dem Woldenweg weiter und biegen bei nächster Gelegenheit links ab. Die Blaukirchener Straße führt uns an einigen Bauernhöfen vorbei, bis wir auf unsere Ausgangsstraße, nun Forlitzer Straße, zurückkehren. Dieser folgen wir jedoch nicht lange und biegen bei nächster Möglichkeit erneut links in den Warfsweg ein. Nach einer leichten Rechtskurve erscheint auf der linken Seite ein kleiner gepflasterter Weg. In diesen biegen wir ein. Dem romantischen Fahrradweg folgen wir 1,5 Kilometer. Zahlreiche **Bänke und Aussichtstürme** laden ein, die Seele baumeln zu lassen. Ein richtiger Sehnsuchtsort! Hier können wir die Stille genießen und mit etwas Geduld einige Vögel beobachten. Von den Aussichtstürmen haben wir erneut eine Weitsicht auf das in der Nähe liegende **Große Meer.** In

den warmen Monaten lassen sich zahlreiche Surfer und Segler beobachten. Nach Momenten der Vollkommenheit fahren wir weiter und lassen den Yachtclub Aurich, die Surf- und Segelschule sowie den Campingplatz am Großen Meer hinter uns liegen. An der Badestelle laden zwei Gastronomien zum Verweilen ein. Sowohl das **8 Landhaus Großes Meer** als auch das **9 Meerwarthaus Ubben** bieten ostfriesische Köstlichkeiten und einen attraktiven Blick auf das Große Meer. Hier kann man es sich bei ostfriesischer Gastfreundschaft gut gehen lassen und die Zeit genießen. Zwischen der Ferienhaussiedlung und dem Großen Meer fahren wir zur ersten **10 Pünte.** Eine Pünte ist eine flache Fähre ohne Motorantrieb. Bei der Überfahrt wird unsere eigene Muskelkraft gefordert und wir werden selbst zum Kapitän. Ein echtes Abenteuer mit Wohlfühlcharakter. Auf der anderen Seite angelangt folgen wir dem einzigen Weg durch das bezaubernde **Marsch-**

Zwischen der Ferienhaussiedlung und dem Großen Meer

land. Bei der ersten Möglichkeit biegen wir rechts und direkt wieder links auf den Marscher Weg ab. Diesem folgen wir nur für wenige Meter, bis auf der rechten Seite das ⓫ **Bootshaus Südbrookmerland** mit seiner schwedenroten Holzfassade erscheint. Das maritim inspirierte Gebäude liegt direkt am Kanal Knockster Tief und lädt in schönem Ambiente zum Abschalten ein. Auf der am Wasser liegenden Holzterrasse mit Blick auf den Kanal und ins Grüne können wir uns mit leckeren Speisen und Getränken verwöhnen lassen. Nach einer ausgedehnten Pause folgen wir zwischen Großem Meer und **Loppersumer Meer** weiter dem Marscher Weg. Leider sind beide Seen gut versteckt, wodurch wir erst nach einem Linksabbiegen auf den Hieveweg und einem weiteren Kilometer das **Kleine Meer** zwischen einigen Ferienhäusern entdecken können. Am Ende des Weges wartet eine weitere ⓬ **Pünte** auf uns. Auch diese ist schnell gemeistert. Anschließend folgen wir erneut dem einzigen Weg und biegen bei erster Möglichkeit rechts ab. Auf der Brü-

cke werfen wir einen letzten kurzen Blick auf das Große Meer zu unserer linken und das Kleine Meer zu unserer rechten Seite. Nach 1 Kilometer biegen wir rechts in den Woldenweg ein und folgen diesem, bis wir erneut auf den **Ems-Jade-Kanal** stoßen. Über einen etwas holprigen Schotterweg gelangen wir zur **⑬ Milchtankstelle Emder Landmilch** in Uphusen. Neben frischer Milch gibt es hier auch Eier, Kartoffeln, Honig und vieles mehr aus der Region. Bei einem kleinen Eis oder Kaffee lässt sich Kraft für den letzten Abschnitt unserer Fahrradtour auftanken. Bei nächster Möglichkeit verlassen wir den Ems-Jade-Kanal zum letzten Mal und biegen rechts ab. Wir folgen dem Kanal Trecktief zu unserer Linken, bis dieser in den Kanal Treckfahrtstief übergeht. Von dem Kanal lassen wir uns bis in die Stadt Emden begleiten. Bei der ersten Brücke nach etwa 3 Kilometern wechseln wir die Kanalseite. Anschließend folgen wir dem Kanal weiter, bis rechter Hand eine Schule erscheint und wir auf den Emder Stadtgraben mit Wallanlage stoßen.

Bootshaus Südbrookmerland

Ferienhäuser am Kleinen Meer

Ab 1616 umschloss Emden eine moderne Verteidigungsanlage aus elf Zwingern fast ringförmig. Die ***Wallanlage*** *bildete mit Stadtgraben und der damals an der Innenstadt vorbeifließenden Ems ein unüberwindbares Hindernis. Heute dient sie der Naherholung.*

Wir biegen links ab und fahren mit viel Schwung über die steile Brücke geradeaus auf die Straße Außer dem Nordertor. Am Ende der Straße biegen wir rechts ab, überqueren den Stadtgraben und fahren bei nächster Gelegenheit rechts auf die ⑭ **Emder Wallanlage.** Direkt zu unserer Rechten befindet sich die ⑮ **Vrouw-Johanna-Mühle.** Einst standen auf den Ausbuchtungen, hier Zwinger genannt, zahlreiche Mühlen. Erhalten geblieben sind jedoch nur noch drei Mühlen, wovon die Johanna-Mühle die einzige Emder Mühle mit Flügeln ist. Wir folgen dem Emder Wall für 1,5 Kilometer. Der Wall führt wie ein grüner Gürtel um die Stadt Emden und ist zu jeder Jahreszeit ein Erlebnis. Im Frühjahr lässt sich eine vielfältige Blütenpracht entdecken und im Sommer im Grünen flanieren. Der Herbst taucht die Anlage in ein braun-goldenes Blättermeer und im Winter kann mit viel Glück auf dem Wasserlauf Schlittschuh gelaufen werden. Jedoch zu fast jeder Jahreszeit können zahlreiche kleine Boote auf der Gracht beobachtet werden. Am Ende des Walls angelangt fahren wir über die kleine Brücke und erreichen die Abdenastraße. Wir biegen links ab und folgen dieser bis zu unserem Ausgangspunkt.

Meedekanal
10
9
8
11
Bedekaspel
210
Canhusen
Knockster Tief
Loppersumer Meer
Großes Meer
Loppersum
Woldenweg
Süderriede
Osterhusen
Forlitz-Blaukirchen
12
Hinte
Suurhusen
7
Hieve/ Kleines Meer
Haskamp
Kurzes Tief
Alte Maar
Emder Stadtwald
Ems-Jade-Kanal
13
Riepster Weg
31
Schleienstraße
Baren-burg
Uphusen
Uphuser Straße
15
14
1
2
Uphuser Meer
6
Wolthusen
P
4
Neues Tief
31
3
5
Herren-tor
210
Emden
Borssum

ALLES AUF EINEN BLICK

Entspannung

Abenteuer

Vielfalt

WIE & WANN

Überwiegend asphaltiert und feste Schotterwege. Die Strecke kann aufgrund der Öffnungszeiten der Pünten nur von April bis Oktober gefahren werden.

HIN & WEG

Auto: Parkplatz Pottgießerstraße, Pottgießerstraße 1, 26721 Emden
ÖPNV: Hauptbahnhof Emden

ESSEN & ENTSPANNEN

2 **Henri´s,** Hinter dem Rahmen 5 a, 26721 Emden, Tel. (0 49 21) 45 00 41, www.henri-s.com

4 **Leckerpott,** Am Delft 6/7, 26721 Emden, Tel. (0 49 21) 8 20 46 46, www.leckerpott-emden.de

6 **Endjers Landhaus,** Schwagerweg 2, 26725 Emden, Tel. (0 49 21) 2 66 94

8 **Landhaus Großes Meer,** Am Meer 1, 26624 Südbrookmerland, Tel. (0 49 42) 6 27, www.hlgm.de

9 **Meerwarthaus Ubben,** Am Meer 2, 26624 Südbrookmerland, Tel. (0 49 42) 31 70

11 **Bootshaus Südbrookmerland,** Marscher Weg 18, 26624 Südbrookmerland, Tel. (0 49 42) 65 67 70, www.hotel-bootshaus.com

13 **Milchtankstelle Emder Landmilch**, Am Uphuser Grashaus 12, 26725 Emden

ENTDECKEN & ERLEBEN

1 **Kunsthalle Emden,** Hinter dem Rahmen 13, 26721 Emden, Tel. (0 49 21) 97 50 50, www.kunsthalle-emden.de

3 **Otto Huus,** Große Straße 1, 26721 Emden, Tel. (0 49 21) 2 21 21, www.datottohuus.de

5 **Kesselschleuse** 7 **Vogelaussichtsturm**

10 **Erste Pünte** 12 **Zweite Pünte**

14 **Emder Wallanlage**

15 **Vrouw-Johanna-Mühle,** Am Marienwehrster Zwinger, 26721 Emden, www.emdermuehlenverein.de

Campener Leuchtturm

Orgeln am Meer

Von Emden in die Krummhörn

Unsere Tour beginnt vor dem Hauptbahnhof Emden bei der ❶ **Dampflok DB 043 903-4.** Die Lok mit der letzten planmäßigen Fahrt einer Dampflok in Deutschland weist uns den Weg und so brechen wir freudig in Richtung des Wasserturms auf. Doch bevor wir diesen erreichen, biegen wir an der Ampel scharf rechts auf die Larrelter Straße ab und fahren die Brücke hinauf. Mit einem herrlichen Blick über den Bahnhof zum Friesenhügel zur Rechten und die Hafenanlagen zur Linken folgen wir der Straße über die Kreuzung und biegen nach der Bushaltestelle Hochschule rechts in die Constantiastraße ein. Wer noch eine kleine Stärkung braucht oder sich von der Anreise erholen möchte, den lädt die ❷ **Bäckerei Buchholz** zum Verweilen und Genießen ein. Wir lassen die Bäckerei zu unserer Linken liegen und erreichen über den Constantiaplatz mit der **Hochschule Emden/Leer** die Grode Gracht. Für etwa 350 Meter folgen wir dem Wasserlauf, bis unser Weg endet und kreuzen schräg links über die Straße Hooge Sand. Rechts vom Kanuclub geht es über eine kleine Holzbrücke, nach der wir uns rechts halten. Wir bleiben auf dem Radweg, bis nach etwa 450 Metern die erste Abzweigung nach rechts erscheint. Diese nehmen wir und befinden uns in einer herrlichen Allee entlang der ❸ **Emder Streuobstwiese.** Wir bleiben auf dem alten Weg und treffen auf das Larrelter Tief. Es geht unter der Autobahn hindurch und doch können wir die

Kilometer: 46
Höhenmeter: 80
Stunden: 5,5
RUNDTOUR

Weite Ostfrieslands bereits greifen. Nach einer Kurve lädt ein Bänkchen ein, eine Weile unseren Gedanken nachzuhängen und den Alltag hinter sich zu lassen.

Grode Gracht

Nach dieser kurzen Pause halten wir uns rechts und gelangen auf die Straße Am Constantiadeich, an deren Ende wir rechts in die Hauptstraße abbiegen. Nach etwa 350 Metern biegen wir erneut rechts in die Japanstraße ein. Über zwei Brücken verlassen wir die Stadt dem Fenneweg folgend. Uns umgeben Felder und grüne Wiesen, die von **Schlooten** (Wassergräben) durchzogen werden. Wir blicken noch einmal über die linke Schulter zurück und sehen die alte **Windmühle Kost Winning** von 1732. Im Nu erreichen wir das kleine **Twixlum** und biegen am Ende der Straße links in den Osterdieksweg ab. Nach etwa 500 Metern gelangen wir an eine Kreuzung. Rechts zweigt der Leegeweg ab, diesen merken wir uns, fahren jedoch erst einmal weiter schräg links auf die Twixlumer Straße. Wir wollen unsere Seele noch ein wenig baumeln lassen. Darum fahren wir bei der Twixlumer Kirche links in den Ringgang und erreichen **④ Antjes Käsehuus.** Der Käse aus eigener Herstellung zaubert nicht nur Käseliebhabern ein Lächeln aufs Gesicht. Auch Naschkatzen bekommen bei den frischen Kuchen und Torten leuchtende Augen. Liebevolle Dekoartikel und Weine runden das Angebot des Lädchens ab. Bevor es weitergeht, entscheiden wir uns für ein Tortenfrühstück, wahlweise mit Kaffeespezialität oder echtem Ostfriesentee. Geschützt vor dem Wind genießen wir alles im hauseigenen Wintergarten. Nach entspannenden Minuten der Ewigkeit verlassen wir das süße Café und fahren so zurück, wie wir gekommen sind. Diesmal biegen wir links in den Leegeweg ab und folgen diesem nach rechts aus dem Örtchen hinaus. Da ist wieder diese herrliche Weite der **Meeden,** neben der alten Straße entdecken wir Gänse, Fischreiher und Enten auf Nahrungssuche in den saftigen Wiesen und kleinen Gewässern.

Eine Brücke hilft uns über das **Knockster Tief.** Dieses werden wir im späteren Verlauf unserer Tour an seiner Mündung in die Ems erneut erblicken. Nach einem Hof mit einer Biogasanlage sehen wir links in der Ferne unser nächstes Ziel, den **Campener Leuchtturm.** An der nächsten Kreuzung biegen wir links auf die Straße Neuer Meedenweg ab und passieren den Standort des ehemaligen **Klosters Blauhaus.** Vom Kloster ist nichts geblieben, doch die beiden Gehöfte neben der Straße stehen auf dessen

Für die Seele

Die Weite der Meeden und die frische Brise der See wecken die Lebensgeister und lassen das Herz aufgehen.

*Die **Meeden** sind eine typische Landschaftsform in Ostfriesland. Es sind große, sumpfige Wiesen, die meist zur Heugewinnung genutzt werden. Sie prägen auf dieser Tour das Landschaftsbild Ostfrieslands.*

Campener Leuchtturm

ehemaligem Gelände. Wir radeln beschwingt entlang des Campener Tiefs. In Campen angelangt, biegen wir rechts auf den Campener Ring und sogleich links in die Arend-Weber-Straße ab. An ihrem Ende befindet sich direkt links neben uns das ❺ **Ostfriesische Landwirtschaftsmuseum Campen.** Interessierte können hier im Sommer alte Landmaschinen und Oldtimer bestaunen. Wir kreuzen über die Krummhörner Straße zur Heiselhuser Straße und folgen dieser, den ❻ **Campener Leuchtturm** vor Augen, bis zum Deich. Mit seinen 65,3 Metern ist der Leuchtturm von 1889 der höchste Deutschlands. Von Mitte März bis Oktober dürfen die 308 Stufen erklommen werden und verschaffen oben angelangt einen herrlichen Panoramablick von Emden über die Niederlande bis nach Borkum. Aufgrund seiner Bauart wird er auch „Ostfriesischer Eiffelturm" genannt. Wer

lieber am Boden bleibt, den laden Bänke sowie eine Schutzhütte zum Rasten ein. Nachdem wir die tolle Aussicht genossen haben, folgen wir dem Deich in südlicher Richtung mit der Ems zur Rechten. Nach wenigen Metern findet das Auge links des Weges einen Masten mit vermeintlichen Wegweisern. Wer möchte, kann sich dort die schiere Kraft der Natur vor Augen führen und die **Flutmarken** aus der Nähe betrachten. Oben auf dem Deich laden immer wieder Bänke zum Entschleunigen ein. Nach etwa 700 Metern verlassen wir den Deich auf dem Buurweg in Richtung **Loquard.** Das Zentrum des kleinen Warftendorfs bildet die Kirche, an der wir rechts auf die Victor-Freese-Straße abbiegen. Hinter der Kirche stand bis zum Ende der Piratenzeit die alte Burg. Heute stehen Rosensträucher innerhalb des erhaltenen Burggrabens, wo früher die Mauern aufragten. Wir biegen an der zweiten Abzweigung rechts in die Armenlohne ein. Anschließend folgen wir an der Landstraße dem Fahrradweg nach rechts und stoßen auf das nächste Warftendorf, **Rysum.** Wir verlassen die Landstraße und gelangen am Anfang des Dorfes über die Äußere Ringstraße geradeaus auf die Emsstraße. Wir folgen der kleinen, von alten Arbeiterhäusern gesäumten Straße tiefer in Richtung Ortsmitte. Über die Denkmalstraße rechts erreichen wir die **7 Rysumer Kirche.** Diese beherbergt eine im Grundbestand erhaltene und bespielbare Orgel aus dem Jahre 1457.

Flutmarken

Rysumer Kirche mit Orgel

Rysumer Mühle

Die Orgel ist damit die älteste Nordeuropas. Hinter der Kirche orientieren wir uns an der alten Mühle und folgen der Mühlenlohne. Die **Mühle** kann gegen einen freiwilligen Obolus besichtigt werden und bietet einen Einblick in das alte Müllerhandwerk. Da unsere Mägen bereits etwas grummeln, kehren wir kurzerhand um und gelangen über die Denkmalstraße rechts in die parallel verlaufende Judenstraße. Diese beherbergt am Ende in einem historischen Gulfhof das **8 Restaurant Rysumer Plaats.** Das Lokal mit dem historischen Flair verwöhnt, sowohl unter freiem Himmel als auch im modern gestalteten Innenbereich, von Mittwoch bis Sonntag ab mittags mit allerlei frisch bereiteten Köstlichkeiten. Vom Restaurant gelangen wir über die Burgwegster Lohne über die Äußere Ringstraße geradeaus in den Burgweg. Diesem folgen wir und verlassen ihn links hoch auf den Deich. Wir halten uns links, passieren ein Gatter für die Deichschafe und lassen auf der geraden Straße unseren Blick in die Weite übers Wasser schweifen. Schon bei der nächsten Abzweigung biegen wir rechts ab und erreichen **9 Emdens Sandstrand Knock.**

Auf unserer Tour können nicht nur in Rysum, sondern auch in Larrelt und Campen ***Orgeln*** *bestaunt werden. Ostfriesland ist eine der orgelreichsten Regionen der Welt. Insbesondere die Krummhörn weist eine hohe Dichte an historischen Orgeln auf.*

Knock

Wir sehen Sanddornsträucher, hören den Ruf des Austernfischers und eine frische Meeresbrise streift uns durchs Haar. Hier, unterhalb der Ankerkette auf einer Picknickdecke mit dem Sand zwischen den Zehen, scheint sich sogar die Zeit selbst etwas Zeit zu lassen. Wir folgen dem Deich wasserseitig in Richtung Emden mit der Ems rechter Hand. Am ⑩ **Siel- und Schöpfwerk Knock** fahren wir scharf links den Deich hinauf zum **Wasserstraßen- und Schifffahrtsamt** mit seinem markanten Radarturm.

An der großen Jannes-Ohling-Straße biegen wir rechts ab, folgen dem Radweg über das Schöpfwerk und passieren somit erneut das Knockster Tief. Gleich hinter dem Schöpfwerk wechseln wir über die Straße auf die Wasserseite des Deiches und folgen dem Weg in einer scharfen Linkskurve. Häufig trifft man hier entlang der Strecke zahlreiche Vogelarten und natürlich Deichschafe, die insbesondere im Frühjahr mit ihren Lämmchen zu verzücken wissen. Mit den Niederlanden zur Rechten und den zahlreichen Windrädern zur Linken fahren wir den Deich entlang, bis ein Schild mit der Aufschrift „Emden“ nach links weist. Durch ein letztes Schafsgatter verlassen wir den Deich auf die Wolfsburger Straße. Wie der Name andeutet, ist das ⑪ **Volkswagenwerk** nicht weit und so sieht man nach einer kurzen Weile rechtsseitig das Firmengelände mit den Werkshallen, die in ihrer Form einem Schiff ähneln. Wir fahren auf den asphaltierten Fahrradweg und folgen diesem am **Sportplatz** vorbei. Beim Gewerbegebiet mit dem Einkaufszentrum und dem Möbelhaus wechseln wir die Straßenseite. Mit der Larrelter Straße zur Rechten folgen wir weiter dem Fahrradweg. Wir passieren den Anschluss der A 31 und kurze Zeit später befinden wir uns auf den ersten Metern unserer Tour. Ein zweites Mal erklimmen wir die Brücke und biegen vor dem **Wasserturm** scharf links ab. Vertraut liegt der Hauptbahnhof vor uns und wir kommen vor der alten Lok zu unserem letzten Halt.

*An **Emdens Sandstrand** lohnt es sich, das Fahrrad kurz ruhen zu lassen, um die nackten Füße bei einem Spaziergang in den warmen Sand, das Watt oder Wasser zu stecken und den Wellen zu lauschen. Eine wohltuende Abwechslung!*

*Große Teile des nördlichen Ostfrieslands liegen unter dem Meeresspiegel und müssen entwässert werden. Der höhere Wasserstand im Inland bei Niedrigwasser lässt die Tore öffnen, das Wasser kann abfließen. Unterstützt wird das **Siel** durch Pumpen.*

Pewsum
Freepsumer Landstraße
Osterhusen
Loppersum
Hinte
Suurhusen
Haskamp
Campen
An der Landstraße
Loquard
Knockster Tief
Twixlum
Rysum
Uphusen
Emden
210
31
Rysumer Nacken
Rysumer Landstraße
Wybelsum
Knockster Tief
Pogum
Ditzum
Dollart

ALLES AUF EINEN BLICK

Entspannung
Abenteuer
Vielfalt

WIE & WANN

Überwiegend asphaltierte Radwege, vereinzelt feste Schotterwege oder Bodenplatten. Ganzjährig befahrbar.

HIN & WEG

Auto: Parkplatz Bahnhofsplatz, Bahnhofsplatz, 26721 Emden
ÖPNV: Hauptbahnhof Emden

ESSEN & ENTSPANNEN

2 **Bäckerei Buchholz,** Kopersand 12, 26723 Emden, Tel. (0 49 21) 6 64 42, www.buchholz-baecker.de/filialen/emden-constantia
4 **Antjes Käsehuus,** Ringgang 37, 26723 Emden, Tel. (01 62) 7 27 37 50
8 **Restaurant Rysumer Plaats,** Am Judendobbe 4, 26736 Krummhörn, Tel. (0 49 27) 8 37 99 96

ENTDECKEN & ERLEBEN

1 **Dampflok DB 043 903-4,** Bahnhofsplatz, 26721 Emden, www.minibahn-emden.de
3 **Emder Streuobstwiese**
5 **Ostfriesisches Landwirtschaftsmuseum Campen,** Krummhörner Straße, 26736 Krummhörn, Tel. (0 49 27) 93 95 23, www.olmc.de
6 **Leuchtturm Campen,** Leuchtturmstraße 5, 26736 Krummhörn, Tel. (0 49 26) 9 18 80, www.greetsiel.de
7 **Kirche Rysum,** Turmstraße 4, 26736 Krummhörn
9 **Emdens Sandstrand Knock**
10 **Siel- und Schöpfwerk Knock**
11 **Volkswagenwerk,** Niedersachsenstraße 1, 26723 Emden, Tel. (0 49 21) 8 60

Altstadt Leer

Pünte Ahoi!

Leer und südöstliches Umland

Unsere Tour beginnt mitten im Herzen von Leer, dem Tor zu Ostfriesland. Wir verlassen den Parkplatz über die Königstraße und biegen rechts in die Garrelstraße ein.

Dieser folgen wir, bis wir auf die Neue Straße treffen. In einem kleinen Park an der Kreuzung können wir die ersten Blicke auf den **Handelshafen** werfen. Mit dem Gesicht zum Wasser begrüßt uns dort die **Statue Meerwiefke** vom Leeraner Bildhauer Böke aus dem Jahr 1992. Die Fahrradstraße Neue Straße führt uns parallel zum Handelshafen der Leda, vorbei am **Heimatmuseum Leer,** in Richtung Altstadt. Bevor wir rechts abbiegen und über die Brücke die Leder überqueren, können wir noch einige Blicke auf die malerischen Gebäude der ❶ **Altstadt** werfen. Es erwartet uns norddeutsches Flair mit Backsteinhäusern und eine spürbare Vergangenheit als Handels- und Hafenstadt. Insbesondere das imposante und geschichtsträchtige Rathaus im deutsch-niederländischen Renaissance-Stil, das Waagegebäude am Hafen sowie die kleinen Läden und gemütliche Teestuben laden zum Stöbern ein. Von der **Dr.-vom-Bruch-Brücke** blicken wir in den Freizeithafen und über einige historische sowie neue Schiffe. Die Brücke geht in die Nessestraße über, welcher wir durch einige Kurven folgen. Dabei können wir zwischen den Häusern immer wieder den Binnenhafen entdecken, bevor wir rechts auf die Sägemühlenstraße abbiegen und durch das Industrie- und Hafengebiet erneut der Leda entgegenrollen. Die Sägemühlenstraße

*Das größte Volksfest in Ostfriesland ist der seit 1508 stattfindende **Gallimarkt** im Oktober. Der Markt beginnt mit dem Viehmarkt, wo noch heute per Handschlag gehandelt wird. Seit 1905 findet der Gallimarkt an unserem Ausgangspunkt der Tour statt.*

Kilometer: 37
Höhenmeter: 60
Stunden: 4,5
RUNDTOUR

Meerwiefke

Café Kuchenliebe

nimmt nach wenigen Metern den Namen An der Seeschleuse an. Hier treffen wir auf Bahnschienen, welche uns nun eine ganze Weile begleiten werden. Wir folgen links dem Schild Richtung Papenburg und gelangen an den Deich, wo uns eine schmale Eisenbahnbrücke den Weg über die Leda auf die andere Seite bereitet. Die Abfahrt lässt uns mit neuem Schwung die eindrucksvolle Weite von Ostfriesland genießen. Zu unserer Linken folgen wir weiter den **Bahnschienen** auf dem **Ostfriesland Wanderweg.** Auf unserer rechten Seite begleiten uns Büsche und Wiesen. Einige Stromleitungen treffen sich über unseren Köpfen und knistern im Wind. Zwischenzeitlich überholt uns ein Zug und wir sehen den hektischen Alltag der Reisenden an uns vorbeirauschen. Bei uns werden die Büsche langsam größer, bis wir an ausgewachsenen Bäumen entlang in ein kleines Waldgebiet fahren. Der Boden wechselt von Asphalt zu Schotter. Auf unserer rechten Seite entdecken wir einen Hof mit zahlreichen Tieren. Wir können Pferde, Schafe, Gänse, Ziegen und noch vieles mehr beobachten. Einige Meter später und nach mittlerweile 5 Kilometern den Schienen folgend macht der Conrebbersweg einen leichten Rechtsknick und wir treffen auf die Deichstraße. Wir überqueren diese und folgen dem separaten Fahrradweg auf der rechten Seite nach links in die Ortschaft **Ihrhove.** Anschließend biegen wir nach den Schienen rechts in die Blinkstraße ab, bevor wir erneut rechts in die Großwolder Straße fahren. Dieser folgen wir, bis wir auf die Bundesstraße treffen. Wer früh dran ist und ein großes Schlemmerfrühstück genießen oder sich bei Kaffee und Kuchen eine Stärkung gönnen möchte, folgt der Bundesstraße kurz in Richtung Papenburg und trifft auf das ❷ **Café Kuchenliebe.** Das gemütliche Café mit Charme ist einen Besuch wert. Das Frühstücksbuffet sowie die Kuchen sind liebevoll mit vielen kleinen Details angerichtet. Ebenfalls im Gebäude befindet sich ein Hofladen. Wer es eiliger hat, überquert nur die Bundesstraße und rollt über den kaum befahrenen Heuweg. Sobald wir auf den Breiter Weg treffen, biegen wir links ab und bei nächster Gelegenheit wieder rechts. Wir folgen dem Viethweg, überqueren die Ihrener Straße und treffen auf den Patersweg-Nord. Vor dem Naturlehrpfad lenken wir rechts auf den **Ostfriesland Wanderweg,** wo uns zunächst die ehemalige Kleinbahnhaltestelle empfängt und über die ursprüngliche Nutzung der Strecke aufklärt.

Für die Seele

Vor den Toren Ostfrieslands finden wir zu uns und schlagen Brücken in eine längst vergangene Zeit.

*Die **Kleinbahn Ihrhove-Westrhauderfehn** verband im 20. Jahrhundert über rund 11 Kilometer sechs Bahnhöfe zwischen Ihrhove und Westrhauderfehn. 1961 wurde der Personenverkehr und 1979 der Güterverkehr eingestellt.*

Schmale Eisenbahnbrücke über die Leda

Der Wander- und Fernradweg ist wunderschön im Grünen angelegt. Die um uns hinaufragenden Bäume hinterlassen ein farbenfrohes Lichterspiel auf dem Schotterweg. Im Vorbeifahren können wir in einige ostfriesische Gärten unsere Blicke werfen und entdecken Tiere am Straßenrand. Nach rund 3,5 Kilometern verlassen wir links in die Schwarzmoorstraße den Ostfriesland Wanderweg und durchqueren den Ort **Collinghorst.** Im Kreisverkehr nehmen wir die zweite Ausfahrt auf die Backemoorer Straße, die uns bis zur Schatteburger Straße begleitet. Auf der linken Seite befindet sich das Gartencafé ③ **Melkhuske Schatteburg.** In rustikal gemütlicher Atmosphäre lassen sich sonn- und feiertags leckere Kuchen und Milchshakes genießen. Ein rundum uriger Ort zum Einkehren und Sonnegenießen. Nach der erholsamen Pause folgen wir nach rechts der Schatteburger Straße, die etwas später zum Wersenweg wird. Zwischen Feldern und Wiesen rollen wir alleine über die einsame und stille Straße. Am Ende der Straße überqueren wir das **Holter Sieltief** und kreuzen den Weg

Am Entlastungspolder. Wir biegen links ab, mit dem **Deich** zu unserer Rechten. Schafe grasen gemütlich auf dem Deich oder suchen Schatten unter den vereinzelten Bäumen. Hinter dem Deich liegt der ④ **Entlastungspolder Holter Hammrich.** Hier werden Hochwasser und Naturschutz vereint. Ein perfekter Ort, um Greifvögeln, aber auch Gänsen und Enten viel Ruhe in der Natur zu bieten. Wir folgen dem Plattenweg, bis wir am **Schöpfwerk** auf den Arnold-Goudschaal-Weg treffen und erneut links abbiegen. Die nächsten 3 Kilometer fahren wir am Deich der Leda entlang. Auch hier treffen wir auf nahezu keinen Verkehr, aber Achtung: Wir sollten achtsam auf den Straßenrand gucken, denn es queren Gänse und Katzen die sonst einsame Straße. Kurz nachdem der Arnold-Goudschaal-Weg zur Stintricker Straße wird, taucht rechter Hand die ⑤ **schmalste Autobrücke Europas** vor uns auf. Eine Ampel regelt den Verkehr. Sobald diese

Schmalste Autobrücke Europas

Evenburgpark

auf Grün springt, treten wir kräftig in die Pedale und fahren den Deich zur Brücke empor. Wo wir ausreichend Platz haben und die Aussicht über die Leda genießen können, kommen Autos ins Schwitzen. Gerade einmal ein paar Zentimeter Abstand befinden sich auf beiden Seiten der Spiegel. Am Ende der Brücke lassen wir uns den Deich entspannt hinabrollen und biegen links in die Fährstraße ein. Bei nächster Gelegenheit halten wir uns rechts und rollen in den Sielweg, welcher uns an zahlreichen Kühen vorbei zum Deich der Jümme führt. Wir biegen links ab und rollen auf dem schmalen Schotterweg der 6 **Pünte Wiltshausen,** der Jümme-Fähre, entgegen. Zum Glück erblicken uns die Fährleute noch kurz bevor sie ablegen. Einer winkt uns freundlich herbei und schon rollen wir an Bord. Nach der Bezahlung beginnen die drei routiniert die Fähre samt Fahrrädern und Autos in der sengenden Hitze über die Jümme zu ziehen. Blickkontakte und Erfahrung reichen, um uns alle mit reiner Muskelkraft sanft zum sicheren Ufer zu ziehen. Freudig und beeindruckt verabschieden wir uns, während bereits die nächsten Fahrgäste gespannt warten.

*Die **handgezogene Fähre** überquert seit über 450 Jahren die Jümme unmittelbar vor der Mündung dieser in die Leda. Früher war die Pünte ein wichtiges Verbindungsglied, da keine Brücken existierten, heute steht diese unter Denkmalschutz.*

Pünte Wiltshausen

*In der **Evenburg** werden Schloss- und Parkführungen angeboten. Zudem beheimatet das Schloss eine Dauer- sowie Sonderausstellung. Verschiedene Räume können für vielfältige Veranstaltungen, wie z. B. Hochzeiten, Tagungen oder Lesungen, gemietet werden.*

Kurz hinter dem Fähranleger lädt die ❼ **Landgaststätte zur Jümme-Fähre** zum weiteren Verweilen ein. Nun folgen wir auf der anderen Seite der Leda der Amdorfer Straße, bis wir auf die Ritterstraße treffen und dort links abbiegen. Bei der Straßengabelung halten wir uns weiter links auf die Meierstraße, welche in die Straße Am Schlosspark übergeht. Sobald vor uns der **Evenburgpark** erscheint, biegen wir links in die Fährstraße ein. Nach 1 Kilometer lenken wir rechts und folgen der Mühlenallee einmal um den sehenswerten Schlossgarten. Der Schlossgarten gleicht einem Idyll. Es ist ein ruhiger Ort zum Entspannen und Verweilen. Das ❽ **Schloss Evenburg** steht prachtvoll in der Mitte der Anlage und raubt einem beim ersten Anblick den Atem.

Schloss Evenburg

Café Schloss Evenburg

Nicht nur von außen ist das Schloss wunderschön, auch die Inneneinrichtung lädt zum Träumen ein. Abgerundet werden kann unser Besuch im 9 **Café Schloss Evenburg,** wo in den Sommermonaten Livemusik auf der großen Terrasse durch die nahe gelegenen Bäume hallt. Wir verlassen die Anlage über die Evenburgallee, wo beeindruckende alte und hohe Bäume die Allee bilden. Die Straße führt uns über die Papenburger Straße bis zu den Schienen, hier halten wir uns links in die Reimersstraße und fahren sogleich rechts auf den Radweg über die Schienen. Nach diesen wenden wir uns nach rechts und folgen dem Straßenverlauf, von wo wir den 10 **Freizeithafen** der Stadt Leer auf der linken Seite erkennen können. Beim Kreisverkehr nehmen wir die zweite Ausfahrt, um über die Ledastraße die Fußgängerzone zu erreichen. Je nach Tag und Uhrzeit müssen wir hier kurz absteigen und die Fahrräder schieben. Wer noch Zeit und Lust auf ein warmes Getränk hat, bekommt im 11 **Café Mühlenstraße** der Kaffeerösterei Baum geschmackvollen Kaffee oder im **J. Bünting Coloniale** traditionsvollen ostfriesischen Tee.

Obgleich Ostfriesland für Tee, Grünkohl und fangfrischen Fisch überregional bekannt ist, begeistern weitere ***lokale Köstlichkeiten*** *den Gaumen. Ob süßer Mehlpütt oder deftiger Sniertjebraten, in der ostfriesischen Küche findet jeder Geschmack Erfüllung.*

Evenburgallee

Im nebenan liegenden ⑫ **Teemuseum Bünting** auf der Brunnenstraße können wir zudem alles über die Geschichte des Tees bis zum heutigen Genuss der Teezeremonie erfahren.

Anschließend treten wir wieder beherzt in die Pedale und folgen der Brunnenstraße durch die **Leeraner Altstadt.** Am Ende der Straße biegen wir rechts auf die Kirchstraße ab, bevor wir erneut rechts in den Reformierten Kirchgang rollen. Wir lassen die Große Kirche rechts von uns liegen und folgen der Onno-Klopp-Straße, bis wir auf den Harderwykensteg treffen. Wir lenken links ein und entdecken zu unserer Linken die ⑬ **Harderwykenburg,** welche sich im Privatbesitz der Grafen zu Inn- und Knyphausen befindet. Das um 1470 durch den Häuptling Hajo Unken als Unkenburg erbaute „Hohe Haus" wird auch als das „erste Haus Leer" bezeichnet und zählt zu den ältesten Burgen Ostfrieslands. An der alten Fassade können wir noch heute die Spuren der Zeit ablesen. Bei nächster Gelegenheit geht es erneut links in die Norderkreuzstraße, die uns zurück auf die Kirchstraße führt. Wir fahren rechts und bei nächster Gelegenheit links auf den Steinburgsgang. Vorbei am **Borromäus Hospital Leer** und der Deutschen Jugendherberge Leer folgen wir am Ende des Steinburgsgangs einem kleinen Weg auf die Haneburgallee. Auf der rechten Seite sehen wir die ⑭ **Haneburg,** links führt uns die Straße über die Pferdemarktstraße zurück zu unserem Ausgangspunkt.

Haneburg

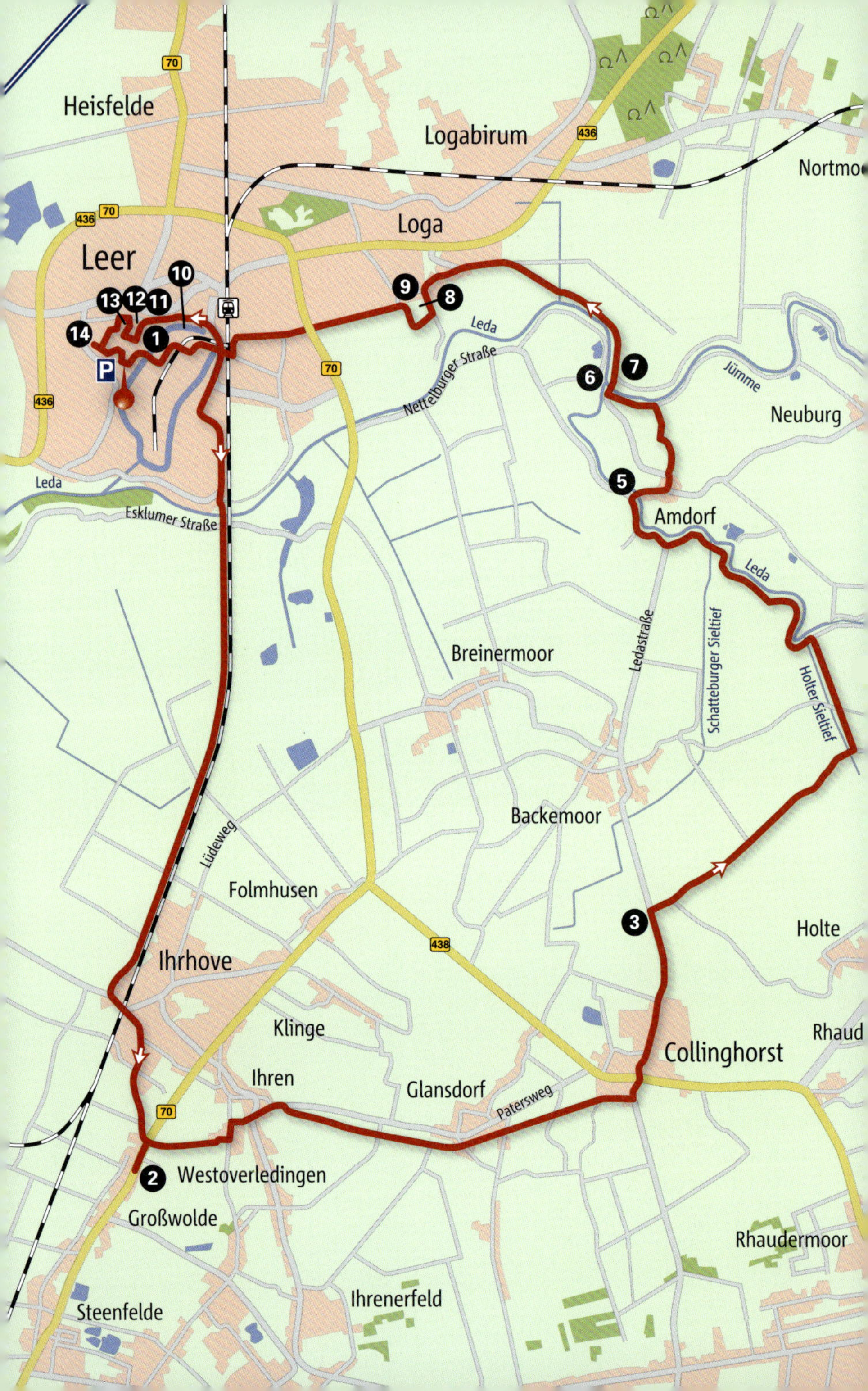

Heisfelde
Logabirum
Nortmo
Loga
Leer
Leda
Nettelburger Straße
Jümme
Neuburg
Esklumer Straße
Amdorf
Breinermoor
Ledastraße
Schatteburger Sieltief
Holter Sieltief
Backemoor
Lüdeweg
Folmhusen
Holte
Ihrhove
Klinge
Rhaud
Collinghorst
Ihren
Glansdorf
Patersweg
Westoverledingen
Großwolde
Rhaudermoor
Steenfelde
Ihrenerfeld
70
436
438

ALLES AUF EINEN BLICK

Entspannung 4/5
Abenteuer 4/5
Vielfalt 4/5

WIE & WANN

Überwiegend asphaltierte Radwege, kurze Schotterpassagen. Die Pünte Wiltshausen fährt nur im Sommer (Mi.–So.) über das Tidegewässer. Aufgrund von Hoch- und Niedrigwasser kann der Fährbetrieb eingeschränkt sein. In diesem Fall lässt sich die Pünte über die Ledabrücke umfahren. Ganzjährig befahrbar.

HIN & WEG

Auto: Parkplatz Große Bleiche, Königstraße 36, 26789 Leer (Ostfriesland)
ÖPNV: Bahnhof Leer (Ostfriesland)

ESSEN & ENTSPANNEN

2 **Café Kuchenliebe,** Großwolder Straße 105 a, 26810 Westoverledingen, Tel. (0 49 55) 93 46 98, www.cafekuchenliebe.de
3 **Melkhuske Schatteburg,** Backemoorer Straße 63, 26817 Rhauderfehn, Tel. (0 49 52) 75 80, www.melkhuske-schatteburg.de
7 **Landgaststätte zur Jümme-Fähre,** Amdorfer Straße 101, 26789 Leer (Ostfriesland), Tel. (04 91) 7 18 66, www.puente-leer.de
9 **Café Schloss Evenburg,** Am Schlosspark 23, 26789 Leer (Ostfriesland), Tel. (04 91) 99 23 67 23
11 **Kaffeerösterei Baum,** Mühlenstraße 41, 26789 Leer (Ostfriesland), Tel. (04 91) 20 32 01 10, www.kaffeeroestereibaum.de

ENTDECKEN & ERLEBEN

1 **Altstadt**
4 **Entlastungspolder Holter Hammrich**
5 **Schmalste Autobrücke Europas**
6 **Pünte Wiltshausen,** Amdorfer Straße 101, 26789 Leer (Ostfriesland) Tel. (01 51) 62 42 71 71, www.puentenverein.de
8 **Schloss Evenburg,** Am Schlosspark 25, 26789 Leer (Ostfriesland)
10 **Freizeithafen**
12 **Teemuseum Bünting,** Brunnenstraße 33, 26789 Leer (Ostfriesland)
13 **Harderwykenburg,** Alte Marktstraße 1 a, 26789 Leer (Ostfriesland)
14 **Haneburg,** Haneburgallee 8, 26789 Leer (Ostfriesland)

Teezeremonie in der Teestube Eiland

Zeitreisen

Westlich von Aurich

Wir starten unsere Route auf den Spuren der Vergangenheit am Georgswall in Aurich. Wer bereits eine längere Anfahrt hinter sich hat, kann auf einer der vielfältigen Sitzmöglichkeiten kurz zur Ruhe kommen und das Flair der ostfriesischen Stadt Aurich einatmen. Der erste Weg führt uns parallel zum Georgswall nach Westen, geradewegs auf das ❶ **Pingelhus** zu. Es ist kaum zu glauben, das um 1800 erbaute Haus war ursprünglich zweigeschossig und ein Hafenwärter- sowie Speditionsgebäude. Der Hafen selbst war der Georgswall und das Klingeln (plattdeutsch „Pingeln") der Glocke kündigte die Abfahrt der Schiffe nach Emden an. 1934 wurde der alte Hafen zugeschüttet und auch das untere Stockwerk verschwand. Wir lassen das Pingelhus rechts hinter uns und gelangen über den **Bürgermeister-Müller-Platz** nach links, vorbei am imposanten Hauptgebäude der ostfriesischen Landschaft, auf die Hafenstraße. Anschließend biegen wir rechts auf die Julianenburger Straße ein und folgen dieser ungefähr 500 Meter, bis wir den Auricher Stadthafen erreichen. Hier biegen wir links in die Straße Am Neuen Hafen mit ihren zahlreichen Bötchen ab und folgen dem Wasserlauf zur Linken, bis wir am ❷ **Ems-Jade-Kanal** ankommen. Der Ems-Jade-Kanal verbindet den Dollart mit dem Jadebusen und damit die Städte Emden, Aurich sowie

Pingelhus

Kilometer: 30

Höhenmeter: 40

Stunden: 3,5

RUNDTOUR

Auricher Stadthafen

Wilhelmshaven. Er übernimmt einen wesentlichen Anteil der Entwässerung Ostfrieslands und ist ein beliebtes Ausflugsziel in der Region für Fahrradtouren und Spaziergänge. Wir folgen dem Kanal an typisch ostfriesischen **weißen Klappbrücken** zu unserer Linken vorbei. Auf der rechten Seite laden zahlreiche Bänke zum Verweilen ein. Bei einer Pause lassen wir den Blick über den Kanal in die Weite Ostfrieslands schweifen und betrachten das Treiben auf, neben und über dem Kanal. Insbesondere in den Sommermonaten herrscht auf diesem reger Betrieb und zahlreiche Freizeitschiffe bahnen sich den Weg durchs erfrischende Nass. Wenn wir Glück haben, können wir sogar die ein oder andere Möwe hören und bei riskanten Flugmanövern beobachten. Nachdem wir frische Kraft gesammelt haben, lassen wir die Bank hinter uns und folgen dem Kanal weiter bis zur ❸ **Schleuse Rahe.** Diese überwindet einen Höhenunterschied von 2 Metern. Wir lassen die Schleuse links von uns liegen und biegen rechts in den Boomweg ein. Nach ungefähr 800 Metern biegen wir links auf die Oldersumer Straße ab, bevor wir nach 150 Metern rechts in den Unlander Weg einfahren. Wer noch ein bisschen die Seele baumeln lassen möchte, kann in einem großen **Wildtiergehege** zahlreiche Tiere beobachten. Wenn wir lang genug still verharren, trauen sich die scheuen Tiere ganz in unsere Nähe. Anmutig hebt der Leithirsch sein Haupt, ein Rascheln und schon entflieht die ganze Herde auf die gegenüberliegende Seite. Am Ende des Unlander Wegs biegen wir links auf einen kleinen Weg ab und fahren dem ❹ **Upstalsboom** entgegen. Hier am „Altar der Friesischen Freiheit“ wird unsere eigene Freiheit

Für die Seele

Auf den Spuren Ostfrieslands finden wir Kraftoasen, die die Seele beflügeln.

Krokusse am Upstalsboom

Boßelmarkierungen

spürbar. Unter dem Ausdruck „Eala Frya Fresena" („Steht auf, ihr freien Friesen!") trafen sich im Hochmittelalter am Upstalsboom Vertreter aus ganz Friesland, um den Frieden und die Freiheit der Region zu wahren. Wir lassen die Fahrräder stehen und erfahren bei einem kurzen Spaziergang um die Steinpyramide und entlang der dicht angelegten **Wallhecken** die Ruhe des Ortes. Die alten Bäume sind schwungvoll, scheinbar von unsichtbarer Kraft geformt, gewachsen und verleihen der Stätte etwas Mystisches, fast schon Magisches. Wir schöpfen ebenfalls neue Energie und verlassen die Friesische Freiheit über die gleichnamige Straße parallel zur romantischen Allee und biegen rechts in die Straße Am Upstalsboom ein. Auf dem Boden vor den mit Reet gedeckten Häuschen begleiten uns eine ganze Weile zahlreiche Markierungen, die auf den beliebten ostfriesischen Volkssport Boßeln hinweisen.

Ringkanal mit Fehnbrücke

Wir folgen der Vorfahrtsstraße, bis die Abzweigung zur Auricher Straße vor uns erscheint. Hier biegen wir rechts ab und wechseln nach wenigen Metern die Straßenseite. Bei nächster Gelegenheit geht es links und wir folgen dem Ringkanal, bis dieser in den Ems-Jade-Kanal mündet. Die ostfriesische Klappbrücke lassen wir links liegen und biegen rechts auf den alten Postweg ab. Vor uns befindet sich ein kleines verspieltes Gartencafé. Das 5 **Café unterm Segel** lädt ein, die Seele sprichwörtlich unter dem Segel baumeln zu lassen. In romantischer Atmosphäre können wir frisch aufgebrühten Kaffee, Tee und leckere Kuchen in familiärer Atmosphäre genießen. Nach der Auszeit voller Zufriedenheit folgen wir erneut dem Ems-Jade-Kanal. Wir überqueren den Kanal über eine Klappbrücke auf die Loogstraße. Wer lieber etwas Herzhaftes nascht, ist hier genau richtig. In der anstehenden Rechtskurve der Loogstraße folgen wir dem Duft zur 6 **Aalräucherei Janssen.** Die Familie Janssen räuchert bereits seit über 150 Jahren mit großer Leidenschaft nach alter Fa-

__Boßeln__ ist eine ostfriesische Volkssportart, bei der eine Kugel über die Straßen geworfen wird. Ziel ist es, eine festgelegte Strecke mit möglichst wenigen Würfen zu schaffen. Neben der Kugel gehört auch der Kraber zur Ausrüstung, um Kugeln aus Gräben zu fischen.

Café unterm Segel

Kloster Ihlow

milienrezeptur. Neben Räucheraal laden auch Fischbrötchen zu einer herzhaften Pause ein. Sobald wir die Loogstraße bei nächster Gelegenheit links auf den Münkeweg verlassen, spüren wir erneut die Weite Ostfrieslands. Zahlreiche Felder und Meeden bieten so viel, dass sich unser Blick nicht halten lässt. Mit der Sonne im Gesicht und der Landluft in den Lungen regt die Natur zum Träumen an und lässt den Alltag vergessen. Nach ungefähr 3 Kilometern überqueren wir die Kirchdorfer Straße und folgen dem Forstweg Zum Forsthaus in den **Ihlower Forst.** Die Künstlerin Monika Kühling hat über diesem mit Bändern und Fahnen das Grundgesetz der Friesischen Freiheit verewigt. Am Ende des Weges fahren wir links ab und auf das

*Ein besonderes Highlight stellen jedes Jahr die **Märkte am Kloster Ihlow** dar. Der Schneeglöckchenmarkt, die Klostertage und der Lüchtermarkt locken mit liebevollen Unikaten aus dem Kunsthandwerk und einer ganz besonderen Atmosphäre.*

7 **Kloster Ihlow** zu. Wir erreichen den zweiten historischen Ort unserer Fahrradtour. Das einstige größte Gotteshaus zwischen Groningen und Bremen wurde im Zuge der Reformation zerstört. Heute erblicken wir eine große Stahl-Holz-Konstruktion inmitten des Ihlower Waldes, die zu einer Ruhepause einlädt. Eine kleine Entdeckungstour über den ehemaligen Grundriss des Klosters und hinunter zu den Grundmauern fühlt sich wie eine Zeitreise in weit entfernte Epochen an. Für besinnliche Momente sorgt dabei der Raum der Spurensuche. Neben dem Kloster lädt ein mystischer Kräutergarten mit allerlei Informationen zu den kultivierten Heilpflanzen zum Entschleunigen ein. An manchen Wochenenden hat man besonders Glück und so ziehen uns der Duft frisch gebackenen Brotes der hauseigenen Bäckerei sowie die selbst gebackenen Torten und Kuchen im 8 **Klostercafé** magisch an. Wer schwindelfrei ist, hat vom Klosterturm einen wunderbaren Ausblick über Ostfriesland.

Wir verlassen das ehemalige Kloster über die **Lindenallee,** welche bereits ostfriesischen Fürstinnen und Fürsten zum Flanieren genügte und biegen links erneut auf den Weg Zum Forsthaus ab. Bei nächster Möglichkeit fahren wir rechts auf den Weißen Weg und folgen

Kleiner Turm im Vogelschutzgebiet Fehntjer Tief Niederung

diesem heraus aus dem Wald. Wenn es zuvor mehrere Tage geregnet hat, müssen wir hier mit großen Pfützen und rutschigen Stellen rechnen. Doch die Steinplatten zur Linken bieten sicheren Halt. Schnell lassen wir den Forstweg hinter uns und fahren über den Wiesener Meedeweg auf gepflastertem und kurze Zeit später auf asphaltiertem Grund. Nach ungefähr 1 Kilometer biegen wir links auf den Wallweg ab und kehren am Ende der Straße links auf die Lübbertsfehner Straße ein. Nun folgen wir der Vorfahrtsstraße für ungefähr 3 Kilometer, bis wir die **Naturschutzstation Fehntjer Tief** mit ihrem **Gulfhaus** aus dem Jahr 1843 auf der rechten Straßenseite entdecken. Wir rollen auf das Gelände und halten uns links, bis wir auf den Lernpfad treffen. Für ein paar Meter müssen wir nun von unseren Fahrrädern absteigen und schieben, doch die anschließende Natur belohnt uns. Auf einer Vielzahl an Schildern können wir Informationen zu der geschützten Kulturlandschaft um uns herum entdecken. Nach einigen Metern erreichen wir einen Aussichtsturm im Herzen der Natur mit Blick über die Fehnlandschaft. Wir befinden uns inmitten des **Vogelschutzgebiets Fehntjer Tief Niederung.** Den **kleinen Turm** zu erklimmen, lohnt sich. Von hier oben können zahlreiche Tiere je nach Jahreszeit beobachtet werden.

*Im Vogelschutzgebiet Fehntjer Tief Niederung können mit ein bisschen Glück zahlreiche **Vögel,** die auf der Liste für gefährdete Arten stehen, wie der große Brachvogel, Uferschnepfe, Kiebitze oder die Sumpfohreule, beobachtet werden.*

Unten angekommen, verlassen wir den Muschelweg über eine kleine Holzbrücke und somit auch den Lehrpfad. Ab hier fahren wir wieder mit dem Fahrrad und erreichen das Fehnmuseum mit 9 **Teestube Eiland.** Diese lädt zu einer besonderen Pause ein. Auch E-Bikes haben hier die Möglichkeit, neue Energie zu laden. Wir spüren die ostfriesische Gastfreundschaft und Herzlichkeit. Tee ist wie in der Teestube Eiland zitiert wird: „Der flüssige Aggregatzustand des Glücklichseins“ und zu jeder Tageszeit zu genießen.

Die hausgemachten Torten werden in der Teestube auch Seelenschmeichler genannt, was bereits beim Anblick zu verstehen ist. Auch das restliche Ambiente

Plattbodenschiff im Fehnmuseum

ist urig heimelig. Ein großer Querschnitt durch die verschiedenen Schichten des einstigen Hochmoores hängt an der Wand und nimmt uns auf eine weitere Zeitreise mit. Wer mehr über die Moorkolonisierung und Fehnkultur erfahren möchte, hat im angrenzenden ⑩ **Museum** die Möglichkeit dazu. Nach dieser wunderbaren Seelenpause verlassen wir zufrieden das Gelände des Fehnmuseums und der Teestube Eiland. Wir fahren links auf den Fahrradweg an der Timmeler Straße. Dieser **Hauptstraße** folgen wir nun eine ganze Weile. Wir können die wohlfühlenden Momente der Tour verarbeiten und uns selbst begegnen. Nach 6 Kilometern kreuzen wir die Leeraner Landstraße auf die Tjüchkampstraße und biegen links auf den ältesten und längsten Wanderweg der Region ab, den **Ostfriesland Wanderweg.** Unser Teilstück führt zunächst durch ein Gewerbegebiet, bis wir erneut auf den **Ems-Jade-Kanal** treffen. Diesmal fahren wir jedoch weiter geradeaus und folgen diesem nicht. Durch einige Wohngebiete Aurichs gelangen wir auf dem Ostfriesland Wanderweg bis an die Kreuzung Am Ostbahnhof – Fockenbollwerkstraße. Hier biegen wir links in die Fockenbollwerkstraße ein. Von hier folgen wir der Straße bis zu unserem Ausgangspunkt, welchen wir durch die kleine Brandgasse erreichen. Wer noch Zeit hat, kann im Nahfeld weiter in die Geschichte Aurichs und Ostfrieslands eintauchen. Das **Pingelhus, Auricher Schloss, historisches Museum Aurich** und das historische Gebäude der **Ostfriesischen Landschaft** sowie dessen Bibliothek befinden sich in unmittelbarer Nähe. Wer noch nicht satt ist, findet in der nördlich gelegenen **Fußgängerzone** zahlreiche kulinarische Leckerbissen.

*Für eine **ostfriesische Teezeremonie** wird Kluntje in die Tasse gelegt und Tee eingeschenkt. Das Knacken vom Kluntje zeigt an, dass der Tee heiß genug war. Die Sahne folgt gegen den Uhrzeigersinn, um die Zeit anzuhalten. Nicht umrühren und genießen.*

Neu
Wallinghausen
Moordorf
Walle
210
72
P
Aurich
Walling-
hausen
1
2
Extum
Oldersumer Straße
Egels
Haxtum
Kirchdorfer Straße
Popens
4
Rahe
3
Ems-Jade-Kanal
Ems-Jade-Kanal
Kirchdorf
Westerende-
Kirchloog
5
6
Schirum
72
Ostersande
Ludwigsdorf
Ostende
Ihlowerfehn
Westersander Straße
7
Krummes Tief
8
Ihlower
Forst
Ihlowerhörn
10
Fehntjer Tief
9
Westgroßefe
Fehntjer
Tief und
Umgebung
Simonswolde
Fehntjer Tief
Timmel

ALLES AUF EINEN BLICK

Entspannung ●●●●●
Abenteuer ●●●○○
Vielfalt ●●●●●

WIE & WANN

Überwiegend asphaltierte Radwege, vereinzelt feste Schotterwege, Bodenplatten oder Pflaster. Ganzjährig befahrbar.

HIN & WEG

Auto: Parkplatz am Georgswall, Georgswall, 26603 Aurich
ÖPNV: Keine direkte Anbindung an die Strecke

ESSEN & ENTSPANNEN

5 **Café unterm Segel,** Alter Postweg 1, 26632 Ihlow, Tel. (0 15 25) 6 75 61 82 (nur bei gutem Wetter im Sommer)
6 **Aalräucherei Janssen,** Fahnster Streek 2, 26632 Ihlow, Tel. (0 49 41) 50 54, www.aal-janssen.de
8 **Klostercafé Ihlow,** Zum Forsthaus 1, 26632 Ihlow, Tel. (0 49 29) 91 59 49, www.kloster-ihlow.de/besuch/klostercafe (nur am Wochenende)
9 **Teestube Eiland,** Leerer Landstraße 59, 26629 Großefehn, Tel. (0 49 45) 13 33, www.teestube-eiland.de

ENTDECKEN & ERLEBEN

1 **Pingelhus**
2 **Ems-Jade-Kanal**
3 **Schleuse Rahe**
4 **Upstalsboom**
7 **Kloster Ihlow,** Zum Forsthaus 1, 26632 Ihlow, www.kloster-ihlow.de
10 **Fehnmuseum Eiland,** Leerer Landstraße 59, 26629 Großefehn, www.fehnmuseumeiland.de

Bronzeplastik von Sophie Caroline

Land und Meer

Von Wittmund zur Küste

Los geht's am **Bahnhof Wittmund.** Wir rollen gemütlich in die Bahnhofstraße und verlassen diese am Ende rechts auf die Mühlenstraße. Die Stadt Wittmund selbst bezeichnet sich als die Stadt mit den roten Klinkern im Herzen Ostfrieslands. Woher die Bezeichnung kommt, wird auf der Mühlenstraße direkt deutlich. Zu beiden Seiten der Straße begleiten uns charmante **Klinkenhäuser.** Der Mühlenstraße folgen wir für rund 500 Meter, bis wir die Innenstadt von Wittmund erreichen. Hier biegen wir links in die Burgstraße ein und entdecken auf dem Boden die ❶ **„Hands of fame".** Nach dem Vorbild aus Hollywood haben berühmte Personen ihren Handabdruck und ihre Unterschrift in Tonplatten zur Verfügung gestellt. An der nächsten T-Kreuzung biegen wir rechts in die Drostenstraße ab. Wer noch ein bisschen Zeit zum Verweilen hat, kann einen gemütlichen Bummel durch die **Innenstadt** unternehmen oder sich in einem der zahlreichen gastronomischen Betriebe verwöhnen lassen.

__Wittmund__ ist ein Ort voller Geschichte und Legenden, die sich um das Schloss drehen. So soll es einen unterirdischen Gang vom Schloss Wittmund bis zum Schloss Jever geben und der rote Eiserapfel im Schlosspark die Unschuld des zum Tode verurteilten Johann von Marenholz beweisen.

Die Innenstadt verlassend folgen wir der Straße weiter und überqueren die Knochenburgstraße. Achtung, hier ist für die Straßenüberquerung eine zunächst schnell zu übersehende Ampel auf der rechten Seite zu nehmen. Anschließend folgen wir der Auricher Straße für etwa 700 Meter. Es geht vorbei an der **Finkenburger Galerieholländer Mühle.** Der Mühlenbetrieb wurde 1978 eingestellt. Heute befindet sich in ihr ein Restaurant. Wir verlassen die Auricher Straße rechts über den Leepenser Weg, überqueren einige kleine Kreuzungen

Kilometer: 49
Höhenmeter: 60
Stunden: 6
RUNDTOUR

„Hands of fame“

und durchfahren das Dörfchen **Angelsburg.** Hier geht der Leepenser Weg in den Eichenweg über und führt uns in den ❷ **Wittmunder Wald.** Der Boden wird zu einem Weg aus festem Sand und vor uns baut sich der Mischwald, überwiegend aus Eichen, Fichten, Buchen und Kiefern bestehend, auf. Wir befinden uns in einem der größten zusammenhängenden Wälder Ostfrieslands. Mit dem Geruch des Waldes in der Nase spüren wir die Ruhe des verwunschenen Weges. Bei schönem Wetter bahnt sich die Sonne ihren Weg durch die Bäume und hinterlässt verträumte Lichtspiele auf dem Boden. Besonders in den Morgen- und Abendstunden wirkt es hier mystisch.

Diese Stimmung verfestigt sich, nachdem wir links auf die Upsteder Straße abbiegen und nach etwa 600 Metern rechts, erneut in einen Waldweg, abbiegen. Nasse **Moorlandschaften** umgeben uns und das stehende, fast tiefschwarze Wasser umgibt die Bäume, neben denen wir uns bewegen. Wie ein grüner Tunnel schmiegen sich die Bäume um uns und wir rollen naturnah dem Ende des Waldes entgegen. Nach weiteren 1,8 Kilometern verlassen wir über den Hohehan zur Rechten und nach wenigen Metern links über einen weiteren Waldweg langsam den Wittmunder Wald. Bäume weichen Maisfeldern und Bauernhöfe tauchen zu unserer Linken auf. Wir folgen der Negenbargen, bis wir rechts auf die Hieskebarger Straße abbiegen. Dieser folgen wir 2 Kilometer. Pure Lebensfreude bringen die Schottischen Highland-Rinder, welche auf den Weiden zu unserer Linken grasen. Insbesondere die Jungtiere beflügeln mit ihren zotteligen Köpfen die Seele und bringen uns frische Kraft. An der Gabelung halten wir uns links und biegen am Ende des Weges rechts auf den separaten Fahrradweg der Negenbarger Straße ab. Dieser folgen wir bis zum Stadtteil **Burhafe.** Erneut halten wir uns am Ende der Straße rechts und folgen der Dunumer Straße, bis wir links auf die Hauptstraße abbiegen. Nach der Kreuzung der L 10 wird diese zur Bahnhofstraße und wenig später zur Straße Oldendorf, welche uns aus Burhafe hinausführt. Nach einem weiteren Kilometer biegen wir in **Buttforde** rechts in die Funnixer Straße ein. Am Straßenrand weist uns ein Verkehrsschild auf die Gefahrenstelle **„Boßelspiele“** hin. Boßeln ist eine echte Tradition in Ostfriesland, besonders in den kalten Monaten

Für die Seele

Von den berühmten Händen Wittmunds radeln wir durch den erholsamen Wald zu historischen Sielorten.

Wald ist in Ostfriesland eine seltene Angelegenheit und somit stellt der ***Wittmunder Wald*** *mit etwa 730 Hektar eine landschaftliche Besonderheit dar. Im gleichnamigen Naturschutzhof erfahren Neugierige mehr rund um das Ökosystem Wald, Natur und Umwelt.*

In der kalten Jahreszeit ist eine Portion deftiger ***Grünkohl mit Pinkel,*** *eine grobkörnige Grützwurst, in Ostfriesland besonders gefragt. Dazu werden Salzkartoffeln und Senf gereicht. Das Gemüse ist reich an Carotin, Eiweiß und Vitamin C.*

im Herbst und Winter, wo nicht selten nach den spannenden Teamkämpfen draußen in der Kälte warmer Grünkohl für ostfriesische Gemütlichkeit sorgt.

Nach dem Verkehrsschild folgt auf einem kleinen Weg an der linken Seite eine Bank mit Blick ins Grüne. Die willkommene Ruhepause nutzen wir gerne und können mit etwas Glück dem Treiben der Boßelspiele folgen. Anschließend rollen wir weitere 3 Kilometer die Straße entlang, bis wir die **Harle** überqueren und links in die Straße mit dem Namen Fähre abbiegen. Der ruhige Weg fernab vom Straßenverkehr bringt Stille und einige herrliche Blicke über die grünen Wiesen Ostfrieslands. Die Nähe zur Nordsee bringt bereits hier eine frische Brise mit dem Geruch nach Salzwasser und fesselnden Wolkenformationen mit sich. Wie Ruhestifter ziehen diese an uns vorbei. Nach weiteren 1,5 Kilometern biegen wir links auf den Lüchtenburger Weg ab. In **Altfunnixsiel** halten wir uns an der Brücke rechts, rollen am Campingplatz vorbei und verlassen den Ort über die Straße Kattrepel. Wir folgen dem Fahrradweg zur Rechten der Harle und stoßen nach wenigen Metern auf die Hauptstraße, welche uns auf einem separaten Fahrradweg bis nach Carolinensiel führt. Der **Hafen** vom Fischerdorf Carolinensiel liegt zu unserer Linken.

Die Abbildung von **Sophie Caroline** begrüßt uns am Hafeneingang. Die Namensgeberin des Sielorts war die Frau des Ortsgründers Georg Albrecht von Ostfriesland. Vor ihr erstreckt sich mit seinen Plattbodenschiffen malerisch der historische **3 Museumshafen Carolinensiel.**

Museumshafen Carolinensiel

Cafés und Restaurants umrahmen das gemütliche Ambiente und laden zum Verweilen ein. Besonders in der Vorweihnachtszeit strahlt Carolinensiel eine romantische Stimmung aus, wenn sich der Weihnachtsbaum mit seinen vielen Lichtern im Wasser des Hafenbeckens spiegelt.

Wer noch nicht von der Atmosphäre loslassen kann, kann gemütlich mit dem Fahrrad in der Hand die Hafenpromenade entlangflanieren. Wer es lieber schneller mag, folgt weiter der Straße und biegt bei nächster Gelegenheit links auf die Neue Straße ab. Beide Varianten enden auf der Gerhard-Tjarks-Straße, welche uns weiter in Richtung Norden führt. Auf dem Weg entführt uns der vorbeifahrende historische **Raddampfer Concordia** auf eine Zeitreise. Er verbindet auf seiner nostalgischen Dampferfahrt den Museumshafen mit dem Nordseestrand. Auf unserer rechten Seite entdecken wir das gemütliche Fischlokal **4 Janssen's Fisch** mit einer großen Auswahl an leckeren Speisen. In

*In **Carolinensiel** laden über das Jahr verteilt zahlreiche Veranstaltungshöhepunkte zum Verweilen ein. Darunter fallen das Hafenfest, Straßenfest, Shanty Chor Festival, WattenSail, Kunst- & Handwerkermarkt sowie Wintermarkt & Lichtermeer.*

Schleuse Harlesiel

Restaurant Wattkieker

Harlesiel angelangt halten wir uns links und überqueren die **Schleuse.** Zu unserer linken Seite erstreckt sich mit zahlreichen Motorbooten und Segelyachten der **Yachthafen** und zu unserer rechten Seite der **Außenhafen** mit Anleger für die Abfahrt zu der Insel Wangerooge. Nach der Schleuse biegen wir direkt rechts ab. Hier lohnt es sich, eine weitere Pause einzulegen und die Fahrräder kurz zur Seite zu stellen. Bereits am Deich begrüßen uns zahlreiche Drachen am Himmel, die sich verspielt im Wind hin und her wiegen. Meerverliebte können dem Strand einen Besuch abstatten und die Füße in den weichen Sand eintauchen. Das ⑤ **Restaurant Wattkieker** hält für jeden Geschmack etwas bereit und bietet einen traumhaften Blick über das Treiben des Hafens. Nach der Seelenpause verlassen wir die Küste, wie wir gekommen sind, über die Schleuse. Nach dieser halten wir uns jedoch links und

biegen sofort rechts auf die Elisabethgroden ab. Der Weg führt uns an den **Autoparkplätzen Inselparker** vorbei, nach welchen wir erneut rechts abbiegen. Zu unserer Linken werden unsere Blicke von den zahlreichen kleinen Fliegern zu den ostfriesischen Inseln gefesselt. Wir bleiben jedoch auf dem Boden und folgen dem Wegverlauf weiter in Richtung Süden. Am Ende biegen wir rechts ab, fahren den Deich hinunter und radeln in einer Haarnadelkurve scharf links auf die Deichstraße. Bei nächster Möglichkeit biegen wir erneut rechts ab und folgen dem Bahnweg, bis dieser die Bahnhofstraße kreuzt. Wir biegen rechts ab und bei erster Gelegenheit rollen wir links auf die Hespenhausener Straße, die einige Zeit später zur Hasselünnendeich Straße wird. Dieser folgen wir für 5 Kilometer und kreuzen dabei einige andere Straßen. Am Wegesrand erhaschen wir immer wieder kleine Einblicke in verschiedene Bauerngärten, die mal von Bäumen akkurat eingerahmt, naturbelassen oder romantisch verspielt unsere Blicke festhalten. Unser Weg führt uns jedoch immer weiter in Richtung Süden, bis die Straße zum Berdumer Altendeich wird. Wir biegen rechts auf Berdumerriege und sogleich links auf die gleichnamige Straße ab, bis wir das kleine Dörfchen **Berdum** erreichen. In kleiner Entfernung sehen wir auf der linken Seite die entzückende Mühle von 1820, wir halten uns jedoch rechts. Auf der Berdumer Dorfstraße fahren

Mühle von Berdum

wir vorbei an der Kirche und halten uns nach dem Dorf links auf Berdumer Kleine Riege. Diesem Weg folgen wir, bis wir auf Toquard treffen. Hier biegen wir rechts auf den Radweg ab und folgen der Straße in Richtung Wittmund. Unter den gemächlich im Wind rotierenden Energieriesen grasen gemütlich zahlreiche schwarz-weiße Kühe. Verträumt schauen uns einige, noch saftig grünes Gras schmatzend, etwas verdutzt nach. In Wittmund angekommen, fahren wir rechts in die Bahnhofstraße, wo wir den **Bahnhof** vor uns erblicken.

Nationalpark Niedersächsisches Wattenmeer
Harlesiel
Neuharlingersiel
Carolinensiel
Harle
Friedrichsgroden
Altharlingersiel
Groß Charlottengroden
Neufunnixsiel
Altfunnixsiel
Werdum
Altfunnixsiel
Funnixer Riege
Berdum
Funnix
Harle
Buttforde
Eggelingen
461
Burhafe
Warnsath
Upsteder Straße
Angelsburg
Wittmund
Asel
461
210
210
Harle
1
2
3
4
5
P

ALLES AUF EINEN BLICK

Entspannung 5/5
Abenteuer 3/5
Vielfalt 4/5

WIE & WANN

Überwiegend asphaltierte Radwege, vereinzelt Wald- und Sandwege. Ganzjährig befahrbar.

HIN & WEG

Auto: Parkplatz am Bahnhof, Am Bahnhof 1, 26409 Wittmund
ÖPNV: Bahnhof Wittmund

ESSEN & ENTSPANNEN

4 **Janssen's Fisch,** Schleusenstraße 9–10, 26409 Wittmund, Tel. (0 44 64) 94 27 01, www.janssens-fisch.de

5 **Restaurant Wattkieker,** Am Harlesiel 20, 26409 Wittmund, Tel. (0 44 64) 9 45 92 00, www.wattkieker.de

ENTDECKEN & ERLEBEN

1 **„Hands of fame"**

2 **Wittmunder Wald**

3 **Museumshafen Carolinensiel,** Pumphusen 3, 26409 Wittmund, www.deutsches-sielhafenmuseum.de

Grenzenlos

Quer durch das Rheiderland

Die Tour beginnt am ❶ **Fähranleger Petkum.** Von hier aus nehmen wir die Fähre nach Ditzum. Am besten hat man das passende Kleingeld für die Überfahrt dabei (Es ist nur Barzahlung möglich), schiebt sein Lieblingssportgerät rückwärts auf die Fähre und verstaut es von hinten nach vorne an der Reling. Schon geht es los, die Klappe wird eingezogen und wir pflügen durch die Ems. Die große Brücke links ist keine, sondern das Emssperrwerk, durch das die Kreuzfahrtschiffe der Meyerwerft in Papenburg die offene See erreichen. Elegant gleitet die Fähre in einer Rechtskurve in den **Ditzumer Hafen.** Zu beiden Seiten liegen zahlreiche alte und neue Schiffe im Wasser. Bei Niedrigstand fallen diese trocken und ruhen malerisch auf dem blanken Wattboden. Beherzt verlassen wir die Fähre in freudiger Erwartung durch das **Schutztor** zur Linken auf die Sielstraße. Gleich dahinter wartet für Schleckermäuler die Eisdiele im ❷ **Melkhuus Ditzum.** Vorbei an zahlreichen kleinen Restaurants sowie Cafés bietet zu unserer Linken **Tant' Dientje** Fische an und erinnert an den Frauenalltag am Dollart bis in die Mitte des 20. Jahrhunderts. Am Ende der Straße biegen wir rechts auf den Radweg bei der Molkereistraße ab und folgen dieser bis nach **Hatzum.** Es geht gleich die erste rechts in die Achter'd Toom, vorbei an der Kirche und hinaus auf die Felder.

Bauernhöfe und saftige Wiesen, durchzogen von unzähligen Entwässerungsgräben, prägen das Landschaftsbild. An einer kleinen Baumreihe folgen wir der Straße nach rechts und knicken sodann die nächste Möglichkeit

__Alternativstart:__ Mit dem Fahrrad gelangen wir von der Emder Innenstadt in 10 Kilometern über den Außenhafen am Deich entlang zum Fähranleger Petkum. Wer lieber festen Boden unter den Füßen spürt, kann vom Parkplatz des Hafens in Ditzum starten.

Das __Rheiderland__ bietet mit seinen feucht-nassen Marschen ein Schlaraffenland für zahlreiche Wiesenvögel. Da das Schwemmland häufig unter dem Meeresspiegel liegt, ist die Region im besonderen Maße auf den Küstenschutz mit Deichen angewiesen.

Kilometer: 50

Höhenmeter: 50

Stunden: 6

RUNDTOUR

Ditzumer Hafen

Tant' Dientje

Wo heute eine unbewachte weiße Brücke über das Wymeerer Sieltief in den niederländischen ***„Europaweg"*** *führt, erfolgten zur Zeit Nazi-Deutschlands zahlreiche gut organisierte Fluchten, die Menschenleben retteten.*

nach links auf die Hatzumer Fehn ab. Idyllisch schlängelt sich der Weg, gesäumt von Wasserläufen mit Enten, vorbei an Wiesen, auf denen je nach Jahreszeit zahlreiche Gänse einen kurzen Halt einlegen. Nach etwa 5 Kilometern gelangen wir in das Örtchen **Ditzumerverlaat,** biegen rechts auf den Ditzumerhammrich und sogleich nach der Kurve links auf den Landschaftspolder ab. Erneut geht es entlang eines etwas breiteren Tiefs. Die Rapsfelder umschließen uns mit ihrem süßlichen Duft und locken zahlreiche Insekten zu den Blütenständen. Einige Bauernhöfe haben sich herausgeputzt und begeistern mit ihren prächtigen Bauerngärten und den liebevoll arrangierten Sitzgelegenheiten. Am Ende biegen wir links ab und folgen der Straße gen Süden entlang der niederländischen Grenze. Nach etwa 4 Kilometern passieren wir nach einer Schafweide zur Rechten Bahnschienen und verlassen die Straße geradeaus auf einen Rad-/Wanderweg. Über eine kleine weiße Brücke überschreiten wir die **3 Grenze Deutschland-Niederlande.**

Es geht links und gleich wieder rechts in die W. Mettingstraat. Wir folgen dem Straßenverlauf durch ein kleines Wohngebiet nach rechts in die J. Driegenstraat. Kurz hinter der Tankstelle liegt linker Hand ein ④ **Coop Einkaufsmarkt.** Wer möchte, kann sich hier mit allerlei niederländischen Leckereien für ein kleines Picknick oder zu Hause eindecken. Auch bei den kleinen Imbissen im Laden und auf dem Parkplatz kann man sich wahlweise mit Matjes oder Frikandel mit Pommes Spezial verwöhnen lassen. Weiter geht es auf der Hoofdstraat nach rechts und über eine Brücke. Hinter den Bahngleisen und dem **Bahnhof von Bad Nieuweschans** befindet sich rechts das ehemalige Lokdepot, das heute einen kleinen Laden und die kleine Brauerei, ⑤ **Eggens Craft Beer,** beherbergt. Im Außenbereich kann man Kleinigkeiten mit kalten Getränken oder auch aromatischen Kaffee und schmackhafte Kuchen im Sonnenschein genießen. Weiter geht's etwas versteckt die nächste rechts auf die Oudezijl. Wir radeln entlang einiger wunderschön gelegener Hausboote an der **Westerwolder Aa** und den Radweg hinauf zum kleinen Deich. Auf der anderen Wasserseite liegt Ostfriesland und links des von Löwenzahn gesäumten Weges erstrecken sich die schier endlosen Felder, in deren Mitte vereinzelt typisch niederländische Bauernhäuser stehen. Am Ende geht es rechts über die Brücke auf den Reiderwolderpolder und hinauf auf das **Nieuwe Statenzijl.** Wer jetzt noch eine kleine Pause braucht, findet Rast bei dem kleinen Kaffeeanhänger ⑥ **Bakje Doen.** Bei

Für die Seele

Unter dem Meeresspiegel erleben wir Freiheit, überwinden Grenzen und beflügeln unsere Seelen.

An der Grenze

Eggens Craft Beer

Bei Bakje Doen

frischem Kaffee, Kuchen und ein wenig Kunst lassen wir die Seele baumeln. Oben auf dem Siel stehend, den Blick in die Ferne gerichtet, scheinen alle Uhren einen kurzen Moment stillzustehen. Wir haben noch etwas Zeit und so schlendern wir über den romantischen Bretterpfad hinaus zum 7 **Kiekkaaste,** dem Vogelbeobachtungsposten.

Egal ob Sommer oder Winter, Ebbe oder Flut, von hier aus hat man einen atemberaubenden Blick über den Dollart auf die Seehafenstadt Emden. Der bisweilen frische Wind, die zahlreichen Rufe der Vögel, das plätschernde Wasser und der Duft von Watt und Meer lassen uns vollends in die Natur eintauchen und spätestens jetzt den Alltag vergessen. Ruhig, beseelt und zufrieden wandern wir zurück zu unseren Drahteseln und verlassen

Bretterpfad zum Kiekkaaste

Blick vom Kiekkaaste über die Fahrwasserrinne im Dollart

das Siel Richtung Osten. Wir passieren nach einer kurzen Abfahrt die 8 **Grenze Niederlande-Deutschland** und finden uns in **Ostfriesland** wieder. Am Picknicktisch und der Schutzhütte fahren wir scharf links und gelangen durch ein Schafgatter auf den Weg zwischen Deich und Wymeerer Sieltief. Im Frühjahr sehen wir hier zahlreiche kleine Lämmchen, doch das ganze Jahr über weiden die Schafe auf dem Deich oder liegen auch gerne dicht an dicht gekuschelt auf den Wegen. Besonders bei schlechtem Wetter sind somit gute Schutzbleche an den Fahrrädern vorteilhaft. Damit die Kleinen und Großen nicht davonlaufen, ist es wichtig, dass wir die Gatter immer wieder sorgfältig schließen. Nach etwa 7 Kilometern erreichen wir die ehemalige 9 **Bohrinsel Dyksterhusen.** Es geht der Beschilderung folgend links den Deich hinauf. Oben angekommen, erblicken wir die im Watt gelegene ehemalige Bohrinsel. Ein weiterer Ort, um in der Ruhe die Seele aufzu-

An der Emsmündung wird die ***freundschaftliche Beziehung*** *zwischen den Niederlanden und Deutschland spürbar. Seit dem Mittelalter ist die Grenze in der mit Wasser bedeckten Region unklar, doch muss diese aus heutiger Sicht nicht definiert werden.*

tanken und den Blick über den Dollart schweifen zu lassen. Zudem kann man hier Gänse, Austernfischer, Krebse und zahlreiche weitere Tiere des Wattenmeers beobachten. Aber bereits der Blick vom Deich lohnt sich. Wir fahren weiter in Richtung Ditzum und nach einer lang gezogenen Rechtskurve steuern wir beschwingt auf das Fischerdörfchen zu. Zwischen Ferienhäuschen und dem Deich gelangen wir direkt zum **Schutztor** am Hafen. Wer noch Platz, Lust und Zeit hat, kann durch das idyllische Fischerdorf Ditzum flanieren. Deftigeres findet sich in den Restaurants oder am Hafen im ⑩ **Fischhaus Ditzum,** von dessen Terrasse man einen einzigartigen Blick über den Fischerhafen und Ort hat. Die Fähre nimmt uns geschwind zurück nach **Petkum.** Wenn nun noch etwas Zeit bleibt, nehmen wir die Stufen mit Schwung hoch zum Schöpfwerk, wo uns ein phänomenales Panorama über den Dollart erwartet. Eine frische Brise weht uns um die Ohren und die Sonne glitzert auf den Wellen. Sollte der Ausflug etwas länger gedauert haben, macht das gar nichts. Im Gegenteil, die Chance auf einen romantischen Sonnenuntergang mit niederländischen Leckereien steigt mit jeder Minute.

Bohrinsel Dyksterhusen

Eis vom Melkhuus Ditzum

Widdelswehr
Emden
Petkum
Oldersum
Ems
Ditzum
Pogum
Oldendorp
Hatzum
Nendorp
Dollart
Oldendorper Straße
Ditzumerverlaat
Bunderhammrich
Kanalpolder
DEUTSCHLAND
NIEDERLANDE
Drieborg
Bunderhee
Bad
Nieuweschans
Bunde
Möhlenwarf
31
7
436
1
2
3
4
5
6
7
8
9
10
P
P

ALLES AUF EINEN BLICK

Entspannung 5/5
Abenteuer 4/5
Vielfalt 3/5

WIE & WANN

Überwiegend asphaltierte Radwege sowie Plattenwege. Ganzjährig befahrbar. Auf Fähr- und Liegezeiten achten. Die Fähre ist unter Tel. (01 73) 9 30 54 57 erreichbar.

HIN & WEG

Auto: Parkplatz am Fähranleger Petkum, Fährstraße, 26725 Emden
ÖPNV: Keine direkte Anbindung an die Strecke

ESSEN & ENTSPANNEN

2 **Melkhuus Ditzum,** Kirchstraße 2, 26844 Jemgum, www.melkhuus.de
4 **Coop Einkaufsmarkt,** Hoofdstraat 41, NL-9693 AE Bad Nieuweschans, www.coop.nl
5 **Eggens Craft Beer,** Oudezijl 1a, NL-9693 PA Bad Nieuweschans, www.eggenscraftbeer.com
6 **Bakje Doen,** Nieuw Statenzijl 1, NL-9688 TN Drieborg, www.bakjedoen.nl
10 **Fischhaus Ditzum,** Am Hafen 3, 26844 Jemgum, Tel. (0 49 02) 91 20 91, www.fischhaus-ditzum.de

ENTDECKEN & ERLEBEN

1 **Fähranleger Petkum**
3 **Grenze Deutschland-Niederlande**
7 **Kiekkaaste**
8 **Grenze Niederlande-Deutschland**
9 **Bohrinsel Dykstерhusen**

Blätterdach

Von Leer nach Esens

Wir beginnen unsere Tour mit dem Rücken zum **Bahnhof Leer** auf den Kreisverkehr blickend. Wir fahren in den Kreisverkehr und verlassen ihn sogleich auf dem Bahnhofsring Richtung Norden. Schon geht es rechts in die Mühlenstraße und wir befinden uns bereits auf dem Ostfriesland Wanderweg. Wir biegen vor den Schienen links ab in die Große Roßbergstraße und rechts hinter den Schienen erhebt sich ein Gebäude, welches unschwer zu erkennen gibt, welcher Ostfriesentee hier heimisch ist und wo wir uns befinden. Richtig! Bünting und im Tor zu Ostfriesland: der schönen Stadt Leer. Gibt es eine bessere Art, dieses Tor zu durchfahren, als auf dem Ostfriesland Wanderweg mit einem Fahrrad? Dieser ist auf der gesamten vor uns liegenden Strecke gut ausgeschildert, sodass wir unsere Auszeit genießen und die schönen Dinge Ostfrieslands auf uns wirken lassen können.

*Der **Echte Ostfriesentee** ist eine kräftige Mischung. Doch welche Mischung ist die beste? Bünting, Thiele oder Onno Behrends? Da scheiden sich die Geister. Eins ist jedoch sicher, das weiche Wasser Ostfrieslands trägt zum einzigartigen Aroma bei.*

Wir kreuzen den Stadtring und fahren weiter links der Schienen auf den Bahndamm. Beim Bahnübergang fahren wir rechts auf den Logaer Weg und biegen vor dem nächsten Übergang der Beschilderung folgend links auf den **Ostfriesland Wanderweg** ab. Gefühlt liegt die Stadt bereits hinter uns, denn wir tauchen ein in einen Tunnel aus Grüntönen, der, durchzogen von braunen Ästen, sich bis über uns erstreckt. Immer wieder kreuzen wir Straßen, die durch rot-weiße Absperrungen angekündigt werden. Die ersten Felder zeigen sich hinter den Bäumen und wir entdecken einen **1 romantischen Rastplatz** mit Sitzgelegenheiten. Wir

Kilometer: 65

Höhenmeter: 100

Stunden: 7,5

STRECKE

verschnaufen ein wenig und erlangen durch eine Infotafel spannende Einblicke in den Nutzen der sich durch ganz Ostfriesland erstreckenden **Wallhecken.**

Gestärkt und von der Sonne geküsst erreichen wir die Oldenburger Straße. Wir folgen der Bundesstraße nach links bis zu einer Tankstelle. Die Autos brausen vorbei. Wir haben Zeit und warten auf eine Lücke. Da! Geschwind geht es auf die gegenüberliegende Seite in den **Wald** und sogleich links. Verwunschen schlängeln wir uns auf losem Untergrund durch den Wald. Herrlich, dieser Duft nach Harz und saftigem Moos. Eine angenehme Frische legt sich auf die Haut. Mit dem Verlassen des Waldes biegen wir links auf den Buntjer Weg ein. Diesem folgen wir an Häuschen vorbei bis zum Düsterweg. Hier geht es vor diesem links auf den Radweg. Als wir erneut auf die Bundesstraße treffen, fahren wir rechts und folgen dem Radweg. Wir rollen unter der A28 hindurch und biegen anschließend rechts auf den kleinen Radweg ab. Dieser führt uns durch das beschauliche Örtchen **Brinkum** und lässt uns in den ein oder anderen ostfriesischen Garten blicken. Am Ortsende erwarten uns neugierige Ziegen, Laufenten und Gänse rechter Hand sowie vier zutrauliche und durstige Pferde. Wir greifen auch zur Trinkflasche und folgen der Beschilderung des Radwegs leicht links auf die Kleinbahnstraße. Im nächsten Örtchen angelangt halten wir uns links in den Tarbackerweg. Sogleich geht es nach dem Supermarkt rechts auf den Radweg entlang der Leeraner Straße. Diese überqueren wir an der nächsten Kreuzung in die Königstraße. Nach etwa 300 Metern biegen wir nach rechts in die Waldstraße ein. Wir kreuzen die Norderstraße und passieren den Fußball-

Zugang Ostfriesland Wanderweg

__Wallhecken__ sind von Menschenhand geschaffene und mit wenigen Bäumen, Sträuchern, Gräsern sowie Kräutern bewachsene Erdwälle. Sie dienten zur Feldbegrenzung und bilden heute einen artenreichen Lebensraum, der nebenbei gut fürs Klima ist. Klasse!

platz zur Linken. Im Gewerbegebiet geht es links auf Am Großen Stein und umgehend rechts in den Ellernweg. Über Felder erreichen wir die Brückenstraße, an der wir nach links die L 24 unterqueren. Nach einem Hof biegen wir rechts in die Vorwerker Straße und die übernächste bereits wieder links in den Weg Wassergarten. Am Ende dessen steht eine kleine Handpumpe in einem Gärtchen und wir fahren rechts und sogleich wieder links auf den Ostfriesland Wanderweg. Es geht schnurgeradeaus durch **Hesel** und sobald das letzte Haus hinter uns liegt, eröffnet sich das weite Land. Gesäumt von Bäumen, fahren wir über Felder und vorbei an grasenden Kühen. Im Nu ist ❷ **Gut Stikelkamp** erreicht und wir verschnaufen kurz in der Kühle des Waldes. Zugleich erfahren wir auf einer alten Schautafel mehr über die Bedeutung des komplexen Ökosystems Wald. Der angrenzende Baumlehrpfad ergänzt das Angebot und lädt zum entspannten Rundgang ein. Erfrischt und bereichert drehen wir um und verlassen den Wald an der Stelle, wo wir ihn betreten haben, biegen jedoch links ab. Der Wind, der uns durch die Haare streift, treibt auch die zahlreichen Windräder in der Ferne an und davor verläuft das Bagbander Tief in engen Windungen durch die saftig grünen Wiesen. Wir erreichen vorsichtig eine Parkbucht der Auricher Landstraße und blicken zurück auf zwei,

Für die Seele

Vom Tor Ostfrieslands lassen wir uns vom Wind beseelt durch das grüne Band tragen.

Gut Stikelkamp

die da ebenso die Zeit genießen und im Moment verweilen. **Künstlerische Skulpturen** wie diese stehen immer wieder am Wanderweg.

Während wir uns noch fragen, wer die beiden sein mögen und welche Geschichte sich dahinter verbirgt, erkennt eine Kuh sogleich den praktischen Nutzen der Kunstform und scheuert sich beherzt den Rücken. Wir überqueren die Landstraße in einer Lücke und folgen der Straße Voerstad durch **Bagband.** Am Ende einer lang gezogenen Rechtskurve gegenüber der Kirche lädt die **3 Brauerei Ostfriesen Bräu** ein, die Seele bei einem kalten Getränk und einer deftigen Mahlzeit baumeln zu lassen. Auf der anderen Straßenseite finden wir den Ostfriesland Wanderweg erneut und folgen diesem.

Bereits nach rund 2 Kilometern erblicken wir rechts von uns den **4 Bahnhof Strackholt 1900.** In der zweiten Wochenhälfte kann man hier warme Getränke und Kuchen sowie herzhafte Gerichte in gemütlicher Atmosphäre genießen. Nach weiteren 2 Kilometern überqueren wir den Spetzerfehnkanal auf einer kleinen Brücke und kreuzen Im Unterende Nord den Friedhof zur Rechten. Wir folgen dem gut beschilderten Wanderweg weiter durch Felder und die Hintergärten in **Ostgroßefehn.** Hier passieren wir die beiden Kanalstraßen sowie den Großefehnkanal selbst und rollen weiter geradeaus auf den Bahnhofsplatz. Schon treten wir erneut auf dem von Bäumen gesäumten Radweg beherzt in die Pedale. Nach gut 2 Kilometern stoßen wir auf den Postweg. Auf der gegenüberliegenden Seite halten wir uns links.

*Da sich nicht nur Pferde und Rinder, sondern auch andere Nutztiere gerne scheuern, wurden 24 Kunstskulpturen 2011 im baumarmen Ostfriesland am Wanderweg als **Kunstscheuerpfähle** aufgestellt. Eine Freude für Mensch und Tier.*

Die Nächste biegen wir rechts in die Kuckucksleegde ein und folgen dieser durch Wrisse. Bei dem Galerieholländer wenden wir uns nach links auf den Mühlenweg. Vorbei an einem kleinen Teich folgen wir der von Bäumen gesäumten Straße zurück zum Postweg. An der Ecke liegt der 5 **Holtroper Krug,** der insbesondere am Wochenende Hungrige mit seiner regionalen Wohlfühlküche zum Heimkommen einlädt. Nach der schmackhaften Ruhepause bleiben wir neugierig und biegen rechts auf den Postweg ab. In **Holtrop** halten wir uns geradeaus auf dem Ostfriesland Wanderweg und lassen den Postweg sowie die Rindelmeerstraße zurück. Es geht am alten Bahnhof vorbei und wir genießen Ostfrieslands Natur, bis wir nach 5 Kilometern auf den **Ems-Jade-Kanal** stoßen. Wir haben **Aurich** erreicht und folgen dem Wanderweg vorbei an Gärten

Bei Ostfriesen Bräu können wir nicht nur das Bier genießen, sondern in der ***historischen Landbrauerei*** *auch alles über die Zubereitung erfahren. Zudem werden Biertasting und Brauseminare in einmaliger Atmosphäre angeboten.*

Galerieholländer Spetzerfehn

und über kleine rote Brücken 2 Kilometer bis zur Fockenbollwerkstraße, die wir überqueren. Zwischen den Häusern der Stadt gleiten wir durch diese wie auf einem grünen Band. Am Hoheberger Weg nutzen wir die Ampel, um diesen zu überqueren, und erreichen kurz darauf eine weitere Ampel an der Esenser Straße. Wir fahren über diese in die Straße des Handwerks und biegen nach etwa 150 Metern vor dem Wäldchen rechts auf den Wanderweg ab. Wir treffen erneut auf die Esenser Straße, halten uns rechts und wechseln an der nächsten Ampel die Straßenseite. Im Anschluss geht es links und wir folgen dem Wanderweg schräg rechts. Nach ein paar gequerten kleinen Straßen lassen wir Aurich hinter uns und steuern auf ein kleines geographisches Highlight zu – den **6 Ostfriesland-Äquator.** Kaum sind wir unter dem Torbogen hindurch, sehen wir links einen weiteren Galerieholländer mit seinen

prächtigen Flügeln. Die Sonne kitzelt die Nase und abermals beeindruckt uns das Lichtspiel durch das Blattwerk der Bäume am Wegesrand. Hinter den Feldern sehen wir kleine Wäldchen, die unseren Blick festhalten. Es geht vorbei an **Plaggenburg** über den Eintrachtweg. Anschließend queren wir die Spekendorfer Straße und radeln direkt hinein in den Wald. Der Wind rauscht und die Bäume wiegen sich darin. Wir verweilen kurz. Die Blätter rascheln, es knackt im Unterholz und Sonnenstrahlen brechen in Bändern durch den Dunst des Waldes. Wir leben im Jetzt und eine herrliche Stille umgibt uns. Als die Räder knirschend den Waldweg verlassen, erreichen wir den alten Heerweg. Diesem folgen wir, bis er rechts abknickt und der Wanderweg geradeaus weiterführt. Das **Schützenhuus Middels** lassen wir links von uns liegen und kreuzen die Westerloger Straße. Am Schwarzen Weg biegen wir links ab und folgen anschließend dem Radweg halb rechts zur Esenser Straße. Nach der Kreuzung mit der Wittmunder Straße wechseln wir die Straßenseite und verlassen diese sogleich links auf den Wanderweg. Die nächsten 7 Kilometer tauchen wir immer wieder in den grünen Tunnel aus Büschen und Bäumen ein. Dann gibt uns dieser wieder frei und wir fahren vorbei an Mais, goldgelben Ähren und durch kleine Wäldchen, bevor wir erneut beflügelt in den Blättertunnel eintauchen. Der Wind hat gedreht und so genießen wir neben dem Farbspiel dankbar den Windschutz der Naturtunnel. Schon ist das

Schöpfwerk am Benser Tief erreicht und wir setzen unseren Weg am anderen Ufer fort. Nach etwa 1,5 Kilometern fahren wir über die Neufolstenhausener Straße und vorbei an hübschen Einfamilienhäusern mit heimeligen Gärten. Nach einem Feld biegen wir links in den Mamburger Weg ein und folgen diesem zur Auricher Straße. Hier geht es für uns rechts entlang, bis wir den Kreisverkehr erreichen. Wir nehmen die erste Ausfahrt und stehen sogleich am **Esenser Bahnhof.** Von hier können wir mit dem öffentlichen Nahverkehr zurück nach Leer reisen oder uns bei einem Abstecher in die Innenstadt in zahlreichen gastronomischen Betrieben verwöhnen lassen. Die ehemalige Kleinbahnstrecke, auf welcher sich heute der Ostfriesland Wanderweg befindet, führte von Leer über Esens weiter bis nach Bensersiel. Wer noch Kraft verspürt, kann auch die letzten Kilometer auf dem Rad zurücklegen und einen Sonnenuntergang am Meer genießen. In Bensersiel besteht jedoch keine Zuganbindung.

*Jedes Jahr zum **Ossiloop** laufen Tausende in sechs Etappen die rund 65 Kilometer über den Ostfriesland Wanderweg. Die Veranstaltung im Mai findet bereits seit 1982 statt und lockt zahlreiche Begeisterte über die Grenzen Ostfrieslands hinaus an.*

Esens
Dornum
Neu Folstenhausen
Burhafe
Dunum
Hage
Westerholt
Wittmund
Blomberg
210
Dietrichsfeld
Moorhusen
Middels-Westerloog
Spekendorf
6
5
Münkeboe
Plaggenburg
Aurich
Victorbur
Walle
Wallinghausen
72
Egelser Straße
Ems-Jade-Kanal
Oldersumer Straße
Popens
Kirchdorf
Große
Ems-Jade-Kanal
Holtrop
Schirum
Ostersander
72
Ihlowerfehn
Ostgroßefehn
Wiesmo
436
Simonswolde
Timmel
Ulbarger Straße
4
Strackholt
Bagband
3
Moormerland
2
Neukamperfehn
31
L 24
Hesel
Ems
70
Remels
Holtland
Brinkum
1
28
Leer
P
Logabirum
Loga
Leda
31

ALLES AUF EINEN BLICK

Entspannung 4/5
Abenteuer 3/5
Vielfalt 3/5

WIE & WANN

Überwiegend asphaltiert mit kurzen Passagen aus Schotter und Pflaster. Ganzjährig befahrbar, wohltuend kühl im Sommer.

HIN & WEG

Auto: Parkplatz Georgstraße, Georgstraße, 26789 Leer
ÖPNV: Bahnhof Leer (Ostfriesland), am Ziel: Bahnhof Esens

ESSEN & ENTSPANNEN

3 **Brauerei Ostfriesen Bräu,** Voerstad 8, 26629 Großefehn, Tel. (0 49 46) 2 03, www.ostfriesenbraeu.de
4 **Bahnhof Strackholt 1900,** Alter Postweg 9, 26629 Großefehn, Tel. (0 49 41) 9 83 70 09, www.bahnhof-1900.de
5 **Holtroper Krug,** Mühlenweg 6, 26629 Großefehn, Tel. (0 49 43) 15 25

ENTDECKEN & ERLEBEN

1 **Romantischer Rastplatz**
2 **Gut Stikelkamp,** Gutsweg 1, 26835 Hesel
6 **Ostfriesland-Äquator**

Seehundbänke

Quer über die Insel Borkum

Wir stehen an Deck der Fähre von Emden nach Borkum, der Wind streicht uns durchs Haar und die Seemöwen kündigen den ① **Fährhafen Borkum** der nordwestlichsten Insel Deutschlands an.

Wir rollen geradeaus auf den Radweg zwischen den Schienen und der Reedestraße. Nach der Fußgängerbrücke über die Straße biegen wir scharf links über die Bahnstrecke der Kleinbahn und mit Schwung unverzüglich rechts auf den Radweg ein. Diesem folgen wir für etwa 2,5 Kilometer und genießen einen herrlichen Ausblick auf die reiche Pflanzenwelt der Insel und zurück auf den Anleger. Wer will, kann sich bereits hier auf einer der zahlreichen Bänke niederlassen. Binnen Minuten sind dann die meisten anderen Touristen in Richtung Stadt gezogen und wir verweilen inmitten der Natur. So entspannt fahren wir weiter und biegen links auf den Anton-Scharphuis-Weg ab. Diesen verlassen wir sogleich nach etwa 200 Metern erneut linksseitig und stoßen durch ein kleines Wäldchen auf einen **Loopdielenweg** (Laufdielenweg). Wir sind umschlossen von der lebendigen Natur der Salzwiesen. Am Südstrand angelangt bietet sich uns nur die Möglichkeit, nach rechts entlang des Strandes auf dem Krischan-Wolters-Pfad zu radeln. Vom Weg aus erlangen wir bisweilen tadellose Einblicke auf die Vogelwelt des **Dünenwäldchens Greune Stee** zur Rechten. Zur Linken schreien Möwen und Austernfischer am Strand um die Wette. Der Fahrtwind streift uns durchs Haar und wir gleiten auf befestigtem Grund an einladen-

Alternativ zur Mitnahme von ***Fahrrädern*** *können diese auch auf der Insel ausgeliehen werden, so ist eine Fahrt mit der Borkumer Kleinbahn möglich. Die Tour beginnt und endet dann alternativ in der Borkumer Innenstadt.*

Kilometer: 31

Höhenmeter: 90

Stunden: 4

RUNDTOUR

E 27
E 40
E 60
E 55
47
021
HJ

den Sitzgelegenheiten vorbei. Vor den Strandkörben am ❷ **Hundestrand** biegen wir rechts ab und stoßen am Ende auf die ersten Häuschen der Stadt. Wir halten uns links und radeln auf dem Greune-Stee-Weg geradewegs auf das **Quermarkenfeuer Düne Borkum,** den sogenannten Kuckucksturm, zu. Hier geht es rechts in die Randzelstraße und die nächste links in die Emsstraße. So gelangen wir zur Süderstraße, in die wir links einbiegen. Wir passieren den kleinen **Leuchtturm** und finden uns auf der Bürgermeister-Kieviet-Promenade wieder. Hier laden die Sonnenterrassen zum Verweilen ein und mit etwas Glück entdecken wir auf den Sandbänken hinter dem Strand ❸ **Seehunde.**

Doch während der Fahrt auf der meist gut gefüllten Promenade sollten wir zu viele Blicke abseits des Weges vermeiden, um Kollisionen vorzubeugen. Zudem darf ein Teilstück der Promenade nach etwa 1 Kilometer nicht mit dem Rad befahren werden. So verlassen wir diese nach rechts auf die Jann-Berghaus-Straße. Linker Hand sehen wir einen **Betonbrunnen,** der einen Wal, den durch Bejagung fast ausgestorbenen Atlantischen Nordkaper, mit Jungtier zeigt. Ein kleines Stück weiter hat man von unserer erhöhten Position einen fantastischen Blick auf den ❹ **Musikpavillon** und die unzähligen Strandkörbe des Nordstrands. Wer Zeit hat, kann das Rad hier abstellen und ein wenig das Inselflair bei einem kühlen Getränk, guter Musik und einem Bummel durch die kleinen Geschäfte unten auf der Promenade genießen. Weiter geht es durch die Viktoriastraße nach rechts auf den ❺ **Neuen Leuchtturm** zu.

Für die Seele

Von der Sonne geküsst und niedlichen Seehunden begleitet erfreuen wir uns an der Vielfalt der Insel.

Neuer Leuchtturm

Kegelrobben sind die heute größten frei lebenden Raubtiere in Deutschland. Während einer geführten Strandwanderung bei der ***Seehundbank Hohes Riff*** *kann man alles über die niedlichen Tiere erfahren.*

*Die 308 Stufen zur **Aussichtsplattform des Neuen Leuchtturms** können während der Saison bestiegen werden. Oben angelangt haben wir eine herrliche Aussicht über die gesamte Insel.*

Diesen umrunden wir zur Hälfte entgegen dem Uhrzeigersinn auf der Strandstraße und biegen rechts auf Am Georg-Schütte-Platz mit dem **Borkumer Bahnhof** ein. Nach dem Georg-Schütte-Platz fahren wir eine kleine Runde um diesen. Es geht zunächst links in die Bahnhofstraße, erneut links und dann rechts in den Bahnhofspfad. Nach etwa 20 Metern lädt **6 Omas Borkumer Teestübchen** mit Waffeln, Pfannkuchen und selbstverständlich zahlreichen Teevariationen dazu ein, zu entschleunigen. Gestärkt folgen wir dem Straßenverlauf weiter über die Alte Schulstraße nach links auf die Neue Straße. Am Ende dieser treffen wir auf die Wilhelm-Bakker-Straße und das **Rathaus** der Stadt Borkum. Wir biegen rechts ab und finden uns sogleich am **7 Walknochenzaun** wieder. Auf den ersten Blick wirken diese unscheinbar, wie ein weißlich-grauer Holzzaun, doch die Infotafeln zeigen die interessante Geschichte hinter diesem Naturdenkmal. Am **8 Alten Leuchtturm mit dem Walfängerfriedhof,** auf dem wir Einblicke in den Alltag dieser erhalten, biegen wir links über die Blumenstraße in die Kirchstraße ab.

Fußgängerzone Borkum

Dieser folgen wir, bis wir die Hindenburgstraße kreuzen und rechts am Neuen Leuchtturm entlangfahren. Vor der Viktoriastraße biegen wir nach rechts auf Am Westkaap und folgen dem Straßenverlauf bis zur **Strandpromenade,** an der wir uns rechts halten. Vorsichtig tasten wir uns gemeinsam mit anderen Naturbegeisterten auf dem teilweise sandigen und mit Brettern befestigten Pfad durch die traumhaften Dünen. Nach einer kurzen Weile passieren wir den **9 nordwestlichsten Punkt Deutschlands.** Wir finden eine kleine Bank und lassen die Seele im Sonnenschein baumeln. Ein Segelboot

*Im 18. Jahrhundert bot der **Walfang** für Borkum ein lukratives, wenn auch gefährliches Geschäft und verhalf der Insel zu Wohlstand. Die Ära endete, nachdem Gefangenschaft, Verlust von Schiffen und Mannschaften ihren Tribut forderten.*

Windbeutel bei Omas Borkumer Teestübchen

Walknochenzaun

rauscht mit der Seebrise durch die glitzernden Wellen. Je weiter wir uns nach Osten von der Stadt entfernen, umso mehr sind wir allein in der Natur. Am ⑩ **Strandcafé Seeblick** biegen wir rechts in den Strandjer's Pad ab und verlassen diesen nach etwa 250 Metern nach links auf Under de Noorddünen. An einem kleinen Pavillon geht es links tiefer in das Dünenwäldchen hinein. Nach etwa 800 Metern folgen wir dem Weg nach rechts und stoßen auf die Ostfriesenstraße. Auf dieser gut befahrbaren Straße geht es links und vorbei am **Flugplatz.** Mit einem Lächeln auf den Lippen winken wir ein paar startenden Fliegern, wohlwissend, dass uns noch etwas Zeit bleibt. Nach knapp 1 Kilometer geht es nach der Bushaltestelle „FKK-Strand" links in Richtung der Dünen. Kurz hinter dem Fahrradstellplatz finden wir das ⑪ **Dünenbudje.** Hier lassen wir es uns noch einmal mit Kalt- oder Heißgetränk und Fischbrötchen gut gehen und entspannen inmitten der Dünen. Wir tanken frische Kraft und geben uns völlig dem süßen Nichtstun hin. Beschwingt geht es zurück zur Ostfriesenstraße und nach links zum ⑫ **Aussichtspunkt Olde Düne.** Von oben hat man einen herrlichen Blick über die gesamte Insel bis zum Zentrum der Stadt. Erneut geht es zurück auf die Ostfriesenstraße und weiter in einer lang gezogenen Linkskurve um das **Hofcafé Bauernstuben im Ostland** sowie das **Restaurant Ostland** herum. Auf dem netten Radweg finden wir, umgeben von atemberaubender Natur, einen **alten Bunker.** Bei

Aussichtsdüne Steerenklipp

genauem Hinsehen kann man die größtenteils überwachsenen Überreste von Befestigungsanlagen fast überall auf der Insel finden, da Borkum in beiden Weltkriegen als Seefestung ausgebaut bzw. diese erweitert wurde. Wir radeln weiter in Richtung Osten der Insel und halten uns am Ende des Weges links. Am Fahrradstellplatz angekommen, erklimmen wir eine weitere Aussichtsdüne mit dem klangvollen Namen ⑬ **Steerenklipp.** Erneut überblicken wir die Insel in ihrer vollen Pracht. Östlich von uns liegt das **Naturschutzgebiet Hooge Hörn.** Wer noch Zeit hat, sollte sich dieses nicht entgehen lassen. Der Weg hinter dem Fahrradstellplatz erstreckt sich etwa 2 Kilometer durch die Dünen und kann neben der verzückenden Landschaft mit zahlreichen Wildblumen aufwarten. Zudem wird man schlussendlich mit einem einsamen Sandstrand und nichts als Meeresrauschen belohnt. Selbstverständlich darf man zum Erhalt der Natur nur die ausgewiesenen Wege des Sehnsuchtsorts betreten. Zurück bei unseren Drahteseln folgen wir dem Weg Richtung Südwesten, auf oder landseitig unterhalb des Deichs. Je nach Windrichtung und -stärke wird es nun auf den letzten 8 Kilometern noch mal etwas sportlich. Doch die Aussicht auf das Wattenmeer, die Pferdekoppeln oder die verschiedenen Vogelarten am **Tüskendörsee** begeistern und lassen alle Anstrengung vergessen. Etwas wehmütig winken wir erneut den startenden Maschinen des

Flughafens, wissend, dass auch unsere Rundreise auf Borkum sich dem Ende entgegenneigt. Wir erreichen nach gut 4,5 Kilometern die Reedestraße und überqueren diese nach links folgend. Nun können wir uns noch einmal entscheiden. Entweder fahren wir den Radweg zwischen den Schienen und der Straße entlang oder wir biegen rechts über die Schienen ab und finden uns nach einer scharfen Linkskurve auf dem Radweg vom Beginn der Tour wieder. Da wir noch etwas Zeit haben und noch einmal den Blick über die **Ronde Plate** schweifen lassen wollen, entscheiden wir uns für den Umweg von knapp 50 Metern und tanken ein letztes Mal Kraft beim Blick über die Salzwiesen, mit einer frischen Brise im Gesicht. Die verbleibenden 2,5 Kilometer zum Fähranleger radeln sich wie von selbst, und als die Fähre anlegt, erkennen wir, dass wir noch entspannte Stunden am Oberdeck auf See verbringen können. Beim Ablegen blicken wir noch einmal lachend auf Borkum zurück und rufen beseelt winkend: „Auf ein baldiges Wiedersehen!"

Blick von der Aussichtsdüne Steerenklipp auf die Ostbake

Borkum
Ostland
Tüskendörsee
Hindenburgstraße
Borkum
Reedestraße
Reede
Nationalpark Niedersächsisches Wattenmeer
Ruhezone
I/11
»Seehundbank«
1
2
3
4
5
6
7
8
9
10
11
12
13

ALLES AUF EINEN BLICK

Entspannung ●●●●●
Abenteuer ●●●●○
Vielfalt ●●●●●

WIE & WANN

Überwiegend asphaltiert und Bretterpfade. Achtung: Einige Streckenabschnitte können sandig sein. Im Winter nur eingeschränkt befahrbar, Bretterpfad wird demontiert. Alternative Wegführung durch Naturschutzgebiet Greune Stee. Fährzeiten und Winterpausen der (gastronomischen) Betriebe beachten.

HIN & WEG

Auto: Inselparkplatz Borkum, Nesserlander Straße 131, 26723 Emden
ÖPNV: Bahnhof Außenhafen Emden

ESSEN & ENTSPANNEN

6 **Omas Borkumer Teestübchen,** Bahnhofspfad 3, 26757 Borkum, Tel. (0 49 21) 99 01 62, www.omas-borkumer-teestuebchen.com
10 **Strandcafé Seeblick,** Waterdelle 48, 26757 Borkum, Tel. (0 49 22) 33 41, www.strandcafe-seeblick.de
11 **Dünenbudje,** Ostfriesenstraße, 26757 Borkum, Tel. (0 49 22) 93 26 30, www.duenenbudje-borkum.de

ENTDECKEN & ERLEBEN

1 **Fährhafen Borkum**
2 **Hundestrand**
3 **Seehundbank**
4 **Musikpavillon**
5 **Neuer Leuchtturm,** Strandstraße 28, 26757 Borkum
7 **Walknochenzaun,** Wilhelm-Bakker-Straße 5, 26757 Borkum
8 **Alter Leuchtturm mit dem Walfängerfriedhof,** Kirchstraße, 26757 Borkum
9 **Nordwestlichster Punkt Deutschlands**
12 **Aussichtspunkt Olde Düne**
13 **Steerenklipp**

Planetenweg am Deich

Von Siel zu Siel

Von Esens an die Küste

Wir starten im Herzen von **Esens** mitten auf dem **Marktplatz.** Je nach Startzeit können wir uns in den Lokalitäten vorab noch eine kleine Erfrischung oder gar eine gute Basis für die kommenden Kilometer gönnen. Auf dem Sattel rollen wir beschwingt Richtung Nordwesten auf Am Markt und erreichen am Ende den **Norderwall.** Hier biegen wir schräg links in das Parkhaus ab und fahren durch dieses hinab zum Ausgang an der Straße Herdetor, wo wir rechts abbiegen. Alternativ können wir am Anfang der Tour auch kurz vom Rad absteigen und durch die **Fußgängerzone** in der Herderstraße schieben, um kurz im Café zu verweilen oder beim Bäcker etwas Proviant mitzunehmen. Auch hier stoßen wir am Ende auf die Straße Herdetor und biegen rechts ab. Wir treffen auf den Nordring und setzen unseren Weg diagonal rechts im Hayungshauser Weg fort. Nach einer lang gezogenen Linkskurve endet dieser und wir stoßen auf einen Radweg, dem wir nach rechts folgen. An einer kleinen Schutzhütte vorbei geht es hinauf auf den **Deich** am Benser Tief. Schon jetzt begrüßt uns die See mit einem Windhauch und wir halten uns rechts. Der Wind treibt die Wolken vor sich her und wir genießen den Blick auf die umliegenden Felder, die Windräder und das Lichtspiel der Wolken darauf. Ein **Riesenrad** ist am Hafen in Bensersiel aufgebaut und

Hafen in Bensersiel

Kilometer: 31

Höhenmeter: 50

Stunden: 4

RUNDTOUR

Deichbrücke in Bensersiel

verschafft den Besuchern langsam drehend einen anderen Blick auf die See, die Inseln und das Hinterland. Im Ort angelangt stehen wir vor der Hauptstraße. Wer nun noch Hunger hat, kann über die Brücke zur Linken und dann gleich nach rechts ein Fischbrötchen in einer **1 Bude am Hafen** vom Fischereibetrieb Jann Linneberg genießen oder nach wenigen Metern weiter der Straße folgend beim **2 Blanken Hans** am Strand kleine Köstlichkeiten schlemmen.

Wenn wir wollen, können wir dem Treiben der Wellen zusehen und die Füße in den wohltuenden Sand stecken. Wer lieber schnell dem Trubel entfliehen möchte, radelt geradeaus über die Straße Am Hafen rechts an der modernen Deichbrücke, die einem Gerippe ähnelt, vorbei auf einen kleinen Radweg. Es geht halb links hoch auf den **Deich,** sobald wir wieder neben der Autostraße sind, finden wir gegenüber ein Gatter und fahren hindurch. Wir lassen den Inselparkplatz, das geschäftige Treiben und alle Hektik hinter uns. Die

*Ostfriesland ist durch seine Nähe zur See prädestiniert für die **fangfrischen Gaben** des Meeres. Neben Nordseescholle und Seezunge bieten lokale Fischläden und Restaurants auch allerhand von Aal über Knurrhahn bis Scharntjes. Einfach probieren und genießen!*

Seeluft weht uns um die Ohren. Wir schmecken das Meersalz, riechen den Seetang und hören das Watt knistern sowie die Wellen anlanden. Am Wegrand sehen wir immer wieder Stangen, verbogen zu den Symbolen der Planeten unseres Sonnensystems. Diese stehen für uns heute besonders günstig, denn wer Näheres erfahren will, kann einfach bei den Stangen anhalten und sich an den Infotafeln bereichern. Wer lieber in irdischen Sphären verweilt, richtet den Blick in Richtung Nordsee und erblickt vor sich Langeoog, in Fahrtrichtung leicht links Spiekeroog und in der Ferne vielleicht schon Wangerooge. Freundlich machen uns die Schafe an den einzelnen Gattern zwischen den Deichabschnitten Platz und grasen genüsslich weiter im saftigen Grün des Deichs.

Für die Seele

Beschwingt erklimmen wir bewohnte Deiche und schmecken das süße Salz der rauen See.

Nach knapp 8 Kilometern erreichen wir begleitet von Möwen und Schwalben eine Strandbar und damit **Neuharlingersiel.** Halb rechts führt uns kurz hinter dieser eine asphaltierte Straße den Deich hinauf und wir überblicken den Ort mit dem schön gestalteten Spielplatz direkt neben uns. Am Parkplatz angekommen, biegen wir links in die Edo-Edzards-Straße ein und folgen dieser. Es geht erneut links, durch eine Deichöffnung auf den großen Parkplatz am Hafen. Hier halten wir uns rechts Richtung Wasser. Am Eck kurz vor dem Sieltief liegt das **3 Café Inselblick.** Der Name kommt nicht von ungefähr, da man sowohl von innen als auch von der Terrasse eine herrliche Aussicht auf die Ostfriesischen Inseln und den **4 historischen Hafen** hat. Wir fahren weiter auf Am Hafen West, vorbei an den schönen Kuttern und durch die Öffnung im Süden. Kurz halten wir inne und gesellen uns zu dem alten und jungen Fischer am Ende des Hafenbeckens. Gebannt blicken wir, vorbei an den Krabbenkuttern, zu den Abenteuern hinaus, welche wir nur erahnen können.

*Sie bewachen die Deiche der ostfriesischen Küste – **Deichschafe.** Die drolligen Paarhufer knabbern das Gras kurz, wodurch dieses dicht wächst und feste Wurzeln bildet. Ihr Tritt und die umhertollenden Lämmer im Frühling festigen den Deich zusätzlich.*

Deich zwischen Bensersiel und Neuharlingersiel

*Das traditionsreiche Handwerk des **Krabbenfangs** ist ein arbeitsintensiver Prozess. Nach dem Fang erfolgen die Sortierung, das Kochen und die anschließende Kühlung direkt an Bord. Die Nordseegarnelen werden auch Krabben oder Granat genannt.*

Wir überqueren die Straße rechts neben am **Alten Schöpfwerk** und gelangen so in die Straße Bürgermeister-Dirksen-Platz. Das mächtige Gebäude vor uns beherbergt das **5 Café Restaurant Sielhof** sowie die Kapelle im Sielhof. Wir fahren links am Hof vorbei und folgen dem Radweg rechts durch den Kurpark. Am Ende biegen wir links auf den Mathildenhofweg ein und halten uns vor der Brücke rechts auf Zur Seriemer Mühle. Wir nehmen die nächste Brücke links über das Neuharlinger Sieltief und befinden uns auf der Straße Mühlenstrich. Warum hier alles mit Mühlen zu tun hat, sehen wir schräg rechts vor uns. Hinter ein paar Bäumen erblicken wir die Seriemer Mühle im Sonnenschein. Schon biegen wir links auf den Werdumer Altendeich ab und verbleiben auf der gut asphaltierten sowie wenig befahrenen Straße für 3 Kilometer. Nach dem Ferienhof mit der Hausnummer 3 zur Rechten biegen wir in den Feldweg ab und folgen dem Straßenverlauf bis zur Edenslooger Straße in Werdum. Weiter geht es nach rechts auf dem Radweg und nach einem halben Kilometer gelangen wir zur **6 Werdumer Mühle.** Das kostenfreie

Café Inselblick

Museum im Erdgeschoss des aus dem Jahr 1748 stammenden Erdholländers bietet Einblicke in die damaligen Gerätschaften. Wenn wir die steile Leiter in den ersten Stock erklimmen, schmecken wir förmlich das frische Mehl und sind verzaubert vom Licht- und Schattenspiel der kleinen Fenster. Zudem erblickt man hier rundum die hölzerne Mechanik der Mühle. Die benachbarte Schmiede wurde 1993 in der Hogewarfstraße abgebaut und Stein für Stein neben die Mühle versetzt. In der weißen Glut schmiedet ein **Schmiedemeister** auch heute noch von April bis Oktober Urlaubserinnerungen, während im **Backhuus** nebenan das Brot verführerisch duftet. Wir fahren weiter gen Westen und biegen links in die Alte Schmiedestraße ab. Wer noch etwas Zeit mitbringt und sich für Tiere begeistert, wird

Windloop mit Strandbar Neuharlingersiel

Historischer Hafen Neuharlingersiel

Alter und junger Fischer

vom **Haustierpark** hinter den Häusern links von uns, Gastriege 35, begeistert sein. Der Park setzt sich für den Erhalt ursprünglicher Arten ein und so finden Groß und Klein Entspannung zwischen Eseln, Schweinen, Schafen, Federvieh und mehr oder den verschiedenen Düften des Kräutergartens. Wir biegen an der Buttforder Straße links auf den Radweg ab und folgen der Buttforder Straße bis zur Hogewarfstraße, in die wir ebenfalls links abbiegen. Rechts von uns finden wir das **7 Fahrradcafé Hoge Warf,** das zum Verweilen und Stärken einlädt. Café ist jedoch untertrieben, hier gibt es innen und auf der Terrasse nicht nur Kaffee und Tee, sondern auch deftigere Speisen aller Couleur, die das Herz höherschlagen lassen. Gestärkt geht es zurück, wie wir gekommen sind, und an der Kreuzung der Schmiedestraße nun links in An der Kirche. Wir folgen der Straße in eine Rechtskurve und verlassen sie sogleich nach links in die Thunumer Straße, die uns wieder hinaus auf die Felder und vorbei an saf-

Café Restaurant Sielhof

tigen Wiesen bringt. Fühlst du auch die Weite Ostfrieslands? Nach einer Weile stoßen wir erneut auf das **Neuharlinger Siel** und es geht weiter geradeaus über dieses hinweg. Kleine Schlote mit Enten begleiten uns und an der T-Kreuzung halten wir uns links, bis wir zum Ottersweg gelangen. Diesem folgen wir hinein nach **Thunum,** kreuzen die Hauptstraße und biegen links auf den Radweg ab. Nach etwa 500 Metern geht rechts ein Weg ab zu einem Bauernhof. Wir biegen ab und gelangen zum **8 Hofladen Peters,** der mit allerlei frischen regionalen Produkten aufwartet. Wir folgen dem Weg vorbei am Hof und halten uns an der Kreuzung rechts. Der Kantor-Fehlhaber-Straße folgen wir etwa 400 Meter und biegen links in die Wiard-Lüpkes-Straße ab, die wir sogleich nach einer Rechtskurve nach links auf den Hashammweg verlassen. Erneut umgeben uns goldgelbe, von Schloten durchzogene Felder. Am Hof angelangt halten wir uns links und der Weg passt sich der landwirtschaftlichen Umgebung an. So erreichen wir die Seilerstraße und biegen rechts in diese ein. Am Kreisverkehr fahren wir auf den Radweg und nehmen die dritte Ausfahrt. Dort folgen wir dem Straßenverlauf entlang der Neu-

Werdumer Mühle

Hölzerne Mechanik der Werdumer Mühle

Backhuus Werdum

harlingersieler Straße hinein nach **Esens,** bis wir schräg rechts an einer Kreuzung eine Mühle erblicken. Es handelt sich um die **9 Peldemühle Esens** von 1850, die das Museum „Leben am Meer“ beherbergt. Wir blicken noch einmal über die Kreuzung zur Mühle und wenden uns ab in Richtung des Parks. Diesen zur Rechten treffen wir geradeaus auf die Theodor-Thomas-Straße. Wir halten uns links und gelangen zum **Kirchplatz.** Dieser bietet neben dem erfrischend plätschernden Junker-Balthasar-Brunnen und der alten Lehranstalt einiges zu entdecken. So umrunden wir die Kirche links oder rechts herum, bis wir in den Sommermonaten unter dem Zwitschern der Wellensittiche gegenüber den **10 Esenser Bär** ausfindig machen, der uns den Weg zum Marktplatz weist. Die Bronzeskulptur des Tanzbärs erinnert daran, dass dieser – der Legende nach – im Mittelalter Esens vor der Eroberung durch feindliche Truppen rettete. Wir folgen dem Weg zum belebten **Marktplatz** und befinden uns auf dem Ausgangspunkt unserer Reise.

Neuharlingersiel
Nationalpark Niedersächsisches Wattenmeer
Altharlinger Sieltief
Ostbense
Groß Holum
Westbense
Bensersiel
Nordwerdum
Hartward
Bensersieler Straße
Edenserlooger Straße
Benser Tief
Werdum
Neuharlinger Sieltief
Thunum
Esens
Osteraccum
1
2
3
4
5
6
7
8
9
P 10

ALLES AUF EINEN BLICK

Entspannung

Abenteuer

Vielfalt

WIE & WANN

Wechsel aus Asphalt, festem Schotter und Pflastersteinen. Ganzjährig gut befahrbar. Winterpausen der (gastronomischen) Betriebe beachten.

HIN & WEG

Auto: Großraumparkplatz Esens, Molkereistraße, 26427 Esens
ÖPNV: Bahnhof Esens

ESSEN & ENTSPANNEN

1 **Bude am Hafen,** Am Strand, 26427 Esens, www.jann-linneberg.com
2 **Blanker Hans,** Am Strand 1, 26427 Esens, Tel. (0 49 71) 2 00 48 28, www.blankerhans-bensersiel.de
3 **Café Inselblick,** Am Hafen West 21, 26427 Neuharlingersiel, Tel. (0 49 74) 4 33, www.cafe-inselblick-neuharlingersiel.de
5 **Café Restaurant Sielhof,** Bürgermeister-Dirksen-Platz 8, 26427 Neuharlingersiel, Tel. (0 49 74) 9 14 80 90, www.sielhof.com
7 **Fahrradcafé Hoge Warf,** Buttforder Straße 17, 26427 Werdum, Tel. (0 49 74) 91 46 75
8 **Hofladen Peters,** Kantor-Fehlhaber-Straße 1, 26427 Stedesdorf

ENTDECKEN & ERLEBEN

4 **Historischer Hafen**
6 **Werdumer Mühle,** Edenserlooger Straße 15, 26427 Werdum
9 **Peldemühle Esens,** Bensersieler Straße 1, 26427 Esens, Tel. (0 49 71) 52 32, www.leben-am-meer.de
10 **Esenser Bär**

Thalassoplattform am alten Postweg

Meereskur

Quer über die Insel Norderney

Unsere Tour beginnt am **Fähranleger Norddeich Mole.** Auf der kurzweiligen **Fährfahrt** erblicken wir neben von Möwen umkreisten Krabbenkuttern auch Robben, die sich auf Sandbänken in der Sonne wälzen. Am Fährhafen angelangt, folgen wir den Menschen etwa 100 Meter in Richtung der Stadt, bis wir links **1 Charly's Fahrradverleih** erblicken. Wir steigen auf unser Fahrrad und radeln geradeaus bis zur Kreuzung bei dem Supermarkt. Dort halten wir uns rechts und kreuzen die Hafenstraße zum Fahrradweg neben der Deichstraße. Wir wechseln auf die dem Wasser zugewandte Seite in den Polder-Wattweg. Vogelbegeisterte können dem Weg weiter am Deich entlang um das **Vogelschutzgebiet Südstrandpolder** herum folgen. Insbesondere im Frühjahr und Herbst lassen sich hier vor Sonnenuntergang Schwärme von Staren im Marschland nieder. Bei uns ist es noch zu früh am Tag und somit biegen wir, bevor uns der Deich in Richtung See führt, links und gleich rechts auf den **alten Postweg** ab. Neben einem **Planetenpfad** entdecken wir linker Hand nach der Kläranlage die **2 Thalassoplattform am alten Postweg.**

*Norderney ist **Thalasso-Hochburg.** Thalasso ist vom griechischen Wort für Meer abgeleitet, bedeutet „die Kraft des Meeres" und bezeichnet die Behandlung mit kaltem oder erwärmtem Meerwasser und Meeresluft oder auch mit Algen, Schlick und Sand.*

Wir lassen die Räder kurz stehen und schlendern die Bretter hinauf zum Aussichtspunkt. Denn neben Informationen rund um Menschen und Natur auf Norderney bietet die Plattform einen herrlichen Blick über die Dünenlandschaft im Osten sowie das Vogelschutzgebiet im Süden. Unter dem Schnattern der Gänse folgen wir dem Weg weiter nach Osten, bis wir auf den Polder-Wattweg

Kilometer: 25

Höhenmeter: 50

Stunden: 3,5

RUNDTOUR

Krabbenkutter

Wer viel Zeit mitbringt, kann sich auf den etwa 14 Kilometer langen Fußweg zum **Wrack am Ostende** *der Insel aufmachen. Hier durchquert man weitgehend unberührte Natur, die mit ihrer Flora und Fauna zu begeistern weiß.*

stoßen und nach links abbiegen. Wir folgen dem Radweg um den idyllisch gelegenen **Campingplatz Um Ost** herum. Nachdem wir die Straßenseite gewechselt haben, führt uns der Weg am Clubhaus des **Golfclubs Norderney e. V.** vorbei. Wir lassen den Golfplatz hinter uns und wenden uns erneut der See auf dem Polder-Wattweg nach rechts zu. Eine frische Brise verwuschelt uns das Haar und die Sonne glitzert auf den sanft gegen das Ufer gleitenden Wellen. Links von uns liegt der Flughafen und bei solch traumhaftem Wetter kann man Gleitschirme über das Blau des Himmels ziehen sehen. Wir umrunden das **Flughafengelände** und stellen am Parkplatz Ostheller fest, dass alles östlich von hier ausschließlich zu Fuß erkundet werden darf. Der **3 Nationalpark Norderney** bietet im Osten der Insel jedoch so einiges und so lassen wir kurzerhand unsere Räder zurück, um ein paar Schritte auf dem Weg in die Dünenlandschaft zu machen. Ein

Fasan huscht beinahe ungesehen in das Dickicht, der warme Sand umspielt unsere Füße und der Wind trägt den Duft der See herüber. Wir folgen dem Meeresrauschen durch die Dünen und vor uns eröffnet sich ein weitläufiger Strand. Beseelt wandeln wir zurück zu den Fahrrädern.

Es geht zurück auf den Radweg neben der Straße Am Leuchtturm. Die Pferde auf den Koppeln galoppieren durch den frischen Westwind. Dem Radweg folgend wechseln wir die Straßenseite und durchfahren ein kleines, vom Wind gezeichnetes Wäldchen. An dessen Ende biegen wir nach rechts ab und folgen der Straße etwa 600 Meter bis zum Parkplatz Oase. Dort findet man das stilvolle **4 Restaurant Strandpieper.** Wer das Rad kurz abstellt, gelangt über den kleinen Weg durch die Dünen direkt zum **5 FKK-Strand Oase.** Hier gilt: „Up rechte Sied mutt de Büx ut!“, aber auf der linken Seite ist die Nutzung des schönen Strands mitsamt seiner Sauna auch mit Textilien am Leib erlaubt.

Entspannt wandern wir zurück zu unseren Fahrrädern und folgen dem Radweg nach rechts. So gelangen

Für die Seele

Zwischen Tradition und Moderne, unberührter Natur und belebter Promenade erradeln wir Glückseligkeit.

Plattdüütsk *– Plattdeutsch ist eine eigene Sprache, die noch heute von vielen einheimischen Ostfriesen gesprochen wird. Die bekannte Begrüßung „Moin“ heißt übrigens nicht „Guten Morgen“, sondern „Guten Tag“ und wird zu jeder Tageszeit genutzt.*

Strandpieper

NORDERNEY
NORDERNEY

wir erneut zur Straße Am Leuchtturm und biegen nach rechts ab. Nun fahren wir direkt am 1874 aus Backstein erbauten 6 **Leuchtturm Norderney** vorbei. Das unter Denkmalschutz stehende Gebäude ist weiterhin aktiv und ein markantes Seezeichen. Wer kurz verschnaufen möchte, findet neben dem romantischen Leuchtturm Sitzmöglichkeiten und von Fischbrötchen bis Torte ist für das leibliche Wohl gesorgt. Wir folgen dem Straßenverlauf etwa 150 Meter, ehe wir auf den Radweg nach rechts abbiegen. Wir tauchen erneut ein in die Dünenlandschaft Norderneys. Vorbei am Wasserwerk finden wir nach einer Linkskurve einen kleinen Unterstand an der Wegkreuzung und biegen rechts zur Weißen Düne ab. Wenn wir Glück haben, können wir auf dem Weg hoch zum 7 **Restaurant Weiße Düne** noch eine Abstellmöglichkeit beim kleinen Fahrradstellplatz ergattern, ansonsten stellen wir unser Rad auf dem großen Parkplatz ab und laufen die paar Meter. Das meist gut besuchte Strandrestaurant mit großer Terrasse bietet kulinarische Raffinessen aus der Region. Ob eine warme Kartoffelsuppe bei Schietwetter, ein Dünengartensalat und Wein im Sonnenschein oder einfach nur ein Eis, hier werden alle glücklich. Wenn wir tagsüber keinen Platz finden, gehen wir einfach ein paar Schritte in Richtung 8 **Strand Weiße Düne.** Der kleine **Kiosk** versorgt uns mit kühlen Getränken und wir fallen entspannt in den Sand der Dünen. Bunte Strandkörbe, die Luft schmeckt nach Salz, das Leben ist schön. Wir bahnen uns langsam einen Weg zurück über die sandigen Bretter. Bei den Rädern angekommen, folgen wir dem Straßenverlauf. Vorbei am Autoparkplatz

Restaurant Weiße Düne

fahren wir links auf den Radweg neben der Straße Weiße Düne. Wir überqueren eine Straße und orientieren uns weiter am Radweg. Rechts von uns jagen sich die Pferde auf einer großen Koppel. Am Ortseingang sehen wir die Reitschule und biegen rechts in die Lippestraße ab. Im Wohngebiet geht es nach dem Parkplatz links in die Rheinstraße und sogleich die nächste rechts in den Birkenweg. Nach einer Linkskurve erblicken wir halb rechts in Richtung des **Nordstrands** die nächste **9 Thalassoplattform.** Wer den Blick über Strand, Stadt und Bunkerruinen schweifen lassen möchte, muss jedoch sein Fahrrad bei der Straße stehen lassen. Weiter geht es auf der Emsstraße gen Westen und nach einer Linkskurve halten wir uns nach dem Parkplatz gleich rechts auf den Radweg. Wir wenden uns der See nach rechts zu und folgen der Straße Am Januskopf. Zur Rechten liegen das Restaurant Riffkieker und das **10 Surfcafé.** Wir sehen die Strandkörbe vor dem Café und wissen, hier sind wir zu Hause. Windgeschützt überblicken wir den Strand bei einem kühlen Getränk und kleinen Leckerbissen. Reine Zufriedenheit erfüllt uns, als wir zwischen dem Rauschen der Brandung und der weichen Lehne des Strandkorbs dem Alltag endgültig entfliehen. Nach der erquickenden Pause schwingen wir uns erneut auf das Fahrrad und lassen den **Minigolfplatz** rechts von uns liegen. Wir folgen dem Straßenverlauf geradeaus bis zur St. Ludgerus Kirche, an der wir rechts in die Bismarckstraße einbiegen. Am Ende dieser fahren wir rechts in die Kaiserstraße, um durch die nächste Öffnung links in einer Kehrtwende auf die untere Strandpromenade zu gelangen. Dieser folgend passieren wir

Thalassoplattform

Milchbar

die ⑪ **Milchbar** zur Linken. Der traditionsreiche Ort begann als Lesestube, wandelte sich zum Café und erlangte durch seinen Milchreis mit frischer lokaler Milch Popularität. Den selbst gemachten Milchreis gibt es bis heute. Ergänzt wird dieser durch sanfte Chillout-Beats sowie Kaffee, Kleinigkeiten und Drinks. Romantische Sundowner sind garantiert. Nicht minder geschichtsträchtig ist der Ort nebenan. Das ⑫ **Restaurant Marienhöhe** geht zurück auf Königin Marie, deren Gemahl König Georg V. von Hannover um 1851 Heinrich Heine zu Ehren einen Holzpavillon auf der Düne errichten ließ. Seit 1923 befindet sich an dessen Stelle der markante achteckige Steinpavillon, wie wir ihn heute erleben dürfen. In stilvoller Atmosphäre können wir uns innen und außen bei besten Blicken kulturellen und kulinarischen Highlights hingeben. Weiter geht's sogleich links auf den Damenpfad und wir folgen diesem nach rechts. Wir vollziehen bei der dritten Straße links eine weitere Kehrtwende in die Luisenstraße. Sobald wir auf die Kirchstraße treffen, biegen wir rechts ins Herz der Stadt ab. Nach der Kirche steigen wir ab und schieben unser Fahrrad gemütlich nach rechts durch die lebhafte Fußgängerzone Poststraße.

Beim Brunnen am Kurplatz folgen wir der Bülowallee halb links, bis wir ein einzelnes kleines Lädchen links von uns zwischen den Bäumen sehen. Schleckermäuler aufgepasst, beim ⑬ **Frieseneis** gibt es selbst gemachtes Eis mit regional inspirierten Eissorten und Toppings. Eis schleckend schlendern wir zurück und halten uns rechts Richtung **Kurtheater.** Das markante Gebäude wurde 1893 nach dem Vorbild des Opernhauses in Hannover erbaut und erfreut bis heute Einheimische, Kurgäste und Touristen mit Filmvorstellungen, Kabarett, Theateraufführungen und vielem mehr. Es ist zudem Ausrichtungsort des Internationalen Filmfests Emden-Norderney.

Wir halten uns rechts und gelangen in die Gartenstraße. Dieser folgen wir, bis wir auf den Radweg nach rechts in den ⑭ **Kurpark** abbiegen. Schwäne breiten am Ufer des Schwanenteichs ihre Schwingen in der Sonne aus, während Enten quakend durch das Wasser gleiten. Doch auch an Land entdecken wir neben der **Napoleonschanze** zahlreiche Kaninchen. Als wir uns nähern, huschen sie durchs Gebüsch davon, sodass wir nur noch deren weiße Blumen kurz sehen, ehe sie verschwinden. Wir durchqueren den Park diagonal zur Kreuzung der Mühlenstraße mit der Marienstraße, in die wir nach rechts einbiegen. Wir fahren vorbei am Gästehaus der Caritas und dem Kinderkurheim Arnsberg sowie den Langzeitstellplätzen der Insel. Am Ende der Straße biegen wir links in die Bülowallee ab und halten uns in der Linkskurve geradeaus auf dem Radweg. So erreichen wir den Gorch-Fock-Weg, an dessen Ende wir erneut auf den Supermarkt vom Beginn unserer Tour treffen. Wir überqueren noch einmal die Deichstraße und folgen dem Weg geradeaus zum **Fahrradverleih** neben dem **Nationalparkhaus.**

Norderney beheimatet eine Vielzahl an ***Museen,*** *die uns die Historie und das Leben auf sowie mit der Insel näherbringt: Watt Welten UNESCO-Weltnaturerbe Wattenmeer Besucherzentrum, Museum Nordseeheilbad, Rettungsboot-Museum, Fischerhaus und Sternenwarte.*

Das alljährlich im Juni stattfindende internationale ***Filmfest Emden-Norderney*** *zeigt überwiegend europäische Filme aus den Genres Spiel-, Dokumentar- und Kurzfilme. Neben einem Rahmenprogramm werden hohe Preisgelder für verschiedene Filmpreise vergeben.*

Norderney
Norderney
Richthofenstraße
Jann-Berghaus-Straße
Hafenstraße
Am Dünensender
Südstrandpolder
Grohdepolder
Nationalpark Niedersächsisches Wattenmeer
1
2
3
4
5
6
7
8
9
10
11
12
13
14

ALLES AUF EINEN BLICK

Entspannung 5/5
Abenteuer 3/5
Vielfalt 5/5

WIE & WANN

Überwiegend asphaltiert und vereinzelt Schotterwege. Achtung: Einige Streckenabschnitte können sandig sein. Ganzjährig befahrbar. Fährzeiten und Winterpausen der (gastronomischen) Betriebe beachten.

HIN & WEG

Auto: Norddeich Inselparker, Mole Norddeich 1, 26506 Norden
ÖPNV: Bahnhof Norddeich Mole

ESSEN & ENTSPANNEN

4 **Restaurant Strandpieper,** Am Leuchtturm 12, 26548 Norderney, Tel. (01 71) 7 80 31 01, www.strandpieper-restaurant.de
7 **Restaurant Weiße Düne,** Weiße Düne 1, 26548 Norderney, Tel. (0 49 32) 93 57 17, www.weisseduene.com
10 **Surfcafé,** Am Januskopf 9, 26548 Norderney, Tel. (0 49 32) 93 57 50, www.surfcafe-norderney.de
11 **Milchbar,** Damenpfad 33, 26548 Norderney, Tel. (0 49 32) 92 73 44, www.milchbar-norderney.de
12 **Restaurant Marienhöhe,** Damenpfad 42 a, 26548 Norderney, Tel. (0 49 32) 9 35 01 53, www.marienhoehe-norderney.de
13 **Frieseneis,** Bülowallee, 26548 Norderney, www.frieseneis.de

ENTDECKEN & ERLEBEN

1 **Charly's Fahrradverleih,** Am Hafen, 26548 Norderney, Tel. (0 49 32) 28 58, www.norderney.cc/fahrradverleih
2 **Thalassoplattform am alten Postweg**
3 **Nationalpark Norderney**
5 **FKK-Strand Oase**
6 **Leuchtturm Norderney,** Am Leuchtturm 2, 26548 Norderney
8 **Strand Weiße Düne**
9 **Thalassoplattform am Nordstrand**
14 **Kurpark**

Pilsumer Leuchtturm

Watt ´n Blick

In und um Greetsiel

Unsere Tour startet auf dem Parkplatz an der Mühlenstraße. Bereits von hier kann ein fantastischer Blick auf die Wahrzeichen des Fischerdorfes Greetsiel geworfen werden. Die **beiden Mühlen** heißen alle in Greetsiel willkommen. Wir verlassen die Stadt jedoch zunächst rechts auf die Greetsieler Straße, der wir 1 Kilometer folgen. Anschließend biegen wir links auf den Pilsumer Weg ab. Der Weg führt uns über den Wasserlauf Neues Greetsieler Sieltief, bevor wir uns durch die grünen Wiesen Ostfrieslands schlängeln. An der nächsten Kreuzung biegen wir erneut links ab und nähern uns über einen holprigen Weg dem **1 Hof Rozenburg.** Der dortige Käse-Hof-Laden der Familie Berkhout hat einiges zu bieten. Neben Pilsumer Bauernkäse, Landquark und Ziegenmilcheis können auch regionale Spezialitäten wie Marmeladen, Honig und vieles mehr erworben werden. Die Milchprodukte werden in der hofeigenen Käserei seit fast 40 Jahren aus Kuh- und Ziegenmilch handgefertigt. Besonders beim Genießen des Ziegenmilcheises, welches in der kleinen Greetsieler Eismanufaktur aus der hauseigenen Ziegenmilch hergestellt wird, schmecken wir die Liebe und Zuwendung während der Herstellung. Wir verlassen den Käse-Hof-Laden über den Tjücher Weg, bis wir die malerische ost-

Zwillingsmühlen Greetsiel

Kilometer: 42
Höhenmeter: 70
Stunden: 5
RUNDTOUR

Hof Rozenburg

*In Ostfriesland übernahmen **Warften** vor dem Deichbau den Hochwasserschutz. Sie stellen einen aus Erde aufgeschütteten Hügel dar, auf dem eine Siedlung errichtet wurde. Besonders in der Krummhörn können noch viele Warftendörfer bewundert werden.*

friesische Gemeinde Pilsum erreichen. Berühmt wurde die kleine Gemeinde durch den rot-gelben Pilsumer Leuchtturm, an welchem wir später noch vorbeifahren werden. Zunächst biegen wir rechts auf die Straße Am Pilsumer Ring ein, bevor wir links auf An der alten Brauerei abzweigen. Hier führt unser Weg an typischen **ostfriesischen Backsteinhäusern** vorbei. In den warmen Monaten finden wir zahlreiche Häuser in einer bezaubernden Blütenpracht. So auch das Restaurant ❷ **Alte Brauerei.** Das historische Gebäude versorgt in romantischer Atmosphäre mit vielseitigen Angeboten. Immer auf der Speisekarte zu finden ist der frische Fisch. Egal ob drinnen oder draußen, hier ist es urgemütlich. Der Innenbereich ist rustikal eingerichtet. Von der Sonnenterrasse haben wir einen guten Blick auf den historischen Ortskern. Dieser ist ruhig auf einer Warft gelegen.

Die umliegenden Gassen laden zum verträumten Schlendern ein. Die ❸ **Kreuzkirche** inmitten des Ortskerns überzeugt durch ihr attraktives Inneres. Besonders bestaunenswert ist die Orgel aus Eichenholz aus dem Jahr 1694. Nach einer stärkenden Pause verlassen wir Pilsum weiter der Straße zur Kreuzkirche folgend. Sobald wir auf die Neu-Etumer Straße treffen, biegen wir links ab. Wir folgen der Straße für etwa 2 Kilometer. Anschließend biegen wir links auf die Alte Kreisstraße ab. Nach weiteren 500 Metern treffen wir auf das **Warftendorf Manslagt.** Dieses lassen wir zu unserer Linken liegen, bis wir erneut auf die Neu-Etumer Straße treffen. Ab hier folgen wir wieder dem separaten Fahrradweg auf der linken Straßenseite für weitere 2 Kilometer. Links vor uns erscheint die Anlage der ❹ **Osterburg** in idyllischer Lage. Die Häuptlingsburg ist bis heute in Familienbesitz. Neben der Burg befindet sich im historischen Schatthaus ein **5 Restaurant und Café.** Auf der sonnigen Außenterrasse mit Garten- und Burgblick lassen sich hausgemachte Kuchen oder Torten und herzhafte Gerichte genießen. Die Speisekarte ist eine gute Mischung aus maritimen und modernen Variationen. Wer nach einer Stärkung noch ein bisschen die Beine vertreten möchte, kann das hervorragend im gemütlichen Gehölz der Osterburg. Ins Träumen kommen wir auf der barocken Lindenallee mit dem Flötenspieler. Der Park lädt zum Loslassen und Energietanken ein. Wir verlassen die Kraftoase über die Tiede-Ubben-Straße und lassen dabei die **6 reformierte Kirche Groothusen** rechts von uns liegen. An dem Gelände der ehemaligen **Westerburg** biegen wir rechts auf die Straße An der Landstraße ein. Von der ebenfalls hochmittelalterlichen Häuptlingsburg ist lediglich das doppelte Grabensystem erhalten geblieben.

Für die Seele

Wir spüren die ostfriesische Gemütlichkeit und lassen den Blick über die Weite des Watts schweifen.

Eisschlemmerei am Hof Rozenburg

Ostfrieslands flaches Land wird nicht selten von glanzvollen Burgen und romantischen Schlössern unterbrochen. Diese erinnern an eine bewegte Geschichte der ***Häuptlinge.*** *Inmitten prachtvoller Parks befinden sich in oder neben diesen heute häufig Cafés.*

In **Hamswehrum** angelangt biegen wir in die Kommune-Chaussee ein. Wir halten uns geradeaus auf die Leeshauser Straße. Dieser folgen wir aus dem Dorf hinaus bis zum **Leeshaus am Deich.** Auf dem Weg erhaschen wir einen kurzen Blick auf den entfernten **Campener Leuchtturm.** Bereits jetzt kommt uns eine salzige Brise mit dem Geruch der Nordsee entgegen. Am Ende der Straße biegen wir links ab und überqueren den Deich. Wir wenden uns auf der Seeseite nach rechts. Mit der Nordsee zu unserer Linken lassen wir die Hektik hinter uns. Wir genießen das Meeresrauschen und die Weite der See. Wer nach rund 5 Kilometern eine weitere Genusspause einlegen möchte, verlässt über den Rottevallsweg den Deich und biegt die Nächste links in den Teyweg ein. Nach etwa 500 Metern erreichen wir den **Nienhof.** Wer Ruhe und Entspannung sucht, kommt im **7 Café Kluntjestuv** voll auf seine Kosten. In gemütlicher Atmosphäre lassen sich Kuchen und herzhafte Gerichte verköstigen.

Alte Brauerei

Osterburg

Nach einer erholsamen Pause verlassen wir den Hof erneut über den Teyweg. Nun jedoch in Richtung Norden und biegen bei der nächsten Möglichkeit links auf den Dyksterkrug Weg ab. Nach dem kleinen idyllischen Teich zu unserer Rechten gelangen wir zurück zum Deich. Auf der rechten Seite erblicken wir nach kurzer Zeit das **Deicharbeiterdenkmal Dieksiel.** Auf allen vier Seiten sind Schriftzüge eingraviert, die auf die wichtige und kraftaufwendige Arbeit der Deicharbeiter gegen die Gewalt des Meeres hinweisen. Wo wir hier auf dem Deich stehen, ist es unglaublich zu sehen, wie Menschen über Generationen der rauen See standgehalten haben. Wir folgen dem Deich weitere 2 Kilometer. Dabei ergibt sich ein fantastischer Blick auf den Nationalpark Niedersächsisches Wattenmeer und zahlreiche Schafe heißen uns immer wieder willkommen. Im Frühjahr grasen Lämmchen entspannt im Grünen. Der fast kleinste und dennoch mitunter berühmteste Leuchtturm Deutschlands taucht in seinem rot-gelben Gewand neben uns auf. Der **8 Pilsumer Leuchtturm** als eines der Wahrzeichen

Deicharbeiterdenkmal Dieksiel

Ostfrieslands ist insbesondere durch den gebürtigen Ostfriesen Otto Waalkes berühmt geworden. Er lässt sich bei Führungen besichtigen. Wir lassen den Leuchtturm rechts von uns liegen und folgen dem Deich für weitere 5 Kilometer bis zum **9 Sperrwerk Leysiel.** Das Sperrwerk hat mehrere Funktionen inne. Das Siel unterstützt die Entwässerung und die Schleuse dient den Fischerei- und Sportbooten zum Verlassen des Leyhörner Sieltiefs in die Nordsee. Auf Infotafeln können wir uns über die Geschichte des Sperrwerks informieren. Aufgrund des **Naturschutzgebietes Leyhörn** ist die Überfahrt über das Siel und das Befahren der anderen Seite verboten. Aus diesem Grund verlassen wir das Sperrwerk über den gleichen Deich, auf der landesinneren Seite, und gelangen zu den **Flachgewässern der Hauener Pütten.** Bei der nächsten Möglichkeit rechts versteckt sich eine kleine abgelegene **10 NABU Vogelbeobachtungsstation.** Hier können wir zur Ruhe kommen, der Natur lauschen und zahlreiche Vögel beobachten. Zurück am Deich folgen wir der Straße nach rechts. Wir biegen rechts in den Akkenser Weg ein. Hier verbirgt sich ein weiteres Hofcafé. Mitten im Grünen befindet sich das **11 Hofcafé Akkens** mit einer schönen Außenterrasse und einem

Teetied auf dem Deich

Hofcafé Akkens

gemütlichen Innenbereich. Besonders die selbst gebackenen Torten gestalten diesen Ort zu einer Wohlfühloase. Nach den weiteren Seelenpausen kehren wir zum Deich zurück und überqueren diesen. Der Fahrradweg führt uns zum **Leyhörner Sieltief.** Dieses immer zu unserer Linken folgen wir dem Weg, bis wir in den malerischen **Hafen von Greetsiel** gelangen. Das romantische Fischerdorf begrüßt uns mit seiner großen Kutterflotte und ostfriesischem Charme.

Wer noch Zeit hat, lässt das Fahrrad für eine Weile stehen und erkundet die umliegenden Gassen zu Fuß. Viele Fischrestaurants und ausgefallene Läden laden zum Verweilen ein. Über den Schattenhauser Weg und die anschließende Mühlenstraße erreichen wir das Wahrzeichen von Greetsiel, die Zwillingsmühlen. In der ⑫ **Grünen Mühle** können wir die Tour ausklingen lassen. Besonders im Außenbereich, mit einem Getränk in der Hand und dem Blick über Ostfriesland können wir die Tour bei einer letzten Auszeit Revue passieren lassen. Der **Parkplatz Greetsiel,** der Ausgangspunkt unserer Tour, befindet sich nur wenige Meter die Mühlenstraße weiter entfernt.

Mit den ungefähr 30 Kuttern hat Greetsiel die größte ***Kutterflotte*** *Ostfrieslands. Die mit ihnen gefischte Nordseekrabbe wird auch Granat genannt. Ab Greetsiel kann bei einer Kutterfahrt der Krabbenfang beobachtet, eine Schleusenfahrt erlebt und mit ein bisschen Glück Seehunde beobachtet werden.*

Hafen von Greetsiel mit Kutterflotte

Leybucht
Nationalpark Leybuchtpolder
Greetsieler Straße
Nationalpark Niedersächsisches Wattenmeer
9
10
11
P
Greetsiel
Hauen
8
12
Neu-Etumer Straße
2
Pilsum
3
1
Neu Etum
Krummhörn
Visquard
Jenne
7
Manslagt
Pewsum
5
6
Groothusen
4
Van-Wingene-Straße
Hamswehrum
Woquard
Canum
Upleward

ALLES AUF EINEN BLICK

Entspannung 5/5
Abenteuer 4/5
Vielfalt 3/5

WIE & WANN

Überwiegend asphaltierte Radwege und Schotterwege mit vereinzelt möglichen schlammigen Passagen. Ganzjährig befahrbar.

HIN & WEG

Auto: Parkplatz Greetsiel, Mühlenstraße 2, 26736 Krummhörn
ÖPNV: Keine direkte Anbindung an die Strecke

ESSEN & ENTSPANNEN

1 **Hof Rozenburg,** Tjücher Weg 1, 26736 Krummhörn, Tel. (0 49 26) 3 07, www.kaesehofladen.de
2 **Alte Brauerei,** An der alten Brauerei 2, 26736 Krummhörn, Tel. (0 49 26) 91 29 15, www.alte-brauerei-pilsum.de
5 **Osterburg Restaurant & Café,** Osterburg 1–3, 26736 Krummhörn, Tel. (0 49 23) 9 27 53 23, www.osterburg-groothusen.de/burgcafe
7 **Nienhof Café Kluntjestuv,** Teyweg 4, 26736 Krummhörn, Tel. (0 49 23) 9 27 54 22, www.nienhof.com
11 **Hofcafé & Ferienhof Akkens,** Akkenser Weg 1, 26736 Krummhörn, Tel. (01 51) 23 02 75 56, www.akkens.de
12 **Grüne Mühle,** Mühlenstraße 2 e, 26736 Krummhörn

ENTDECKEN & ERLEBEN

3 **Kreuzkirche Pilsum,** Zur Kreuzkirche 5, 26736 Krummhörn, Tel. (0 49 26) 4 00
4 **Osterburg Groothusen,** Osterburg 1–3, 26736 Krummhörn, www.osterburg-groothusen.de/burg
6 **Reformierte Kirche Groothusen,** Husumer Hörn 2, 26736 Krummhörn
8 **Pilsumer Leuchtturm,** Zum alten Leuchtturm, 26736 Krummhörn, Tel. (0 49 23) 9 11 10
9 **Sperrwerk Leysiel,** Speicherbecken Leyhörn, 26736 Krummhörn
10 **NABU Vogelbeobachtungsstation**

Seekrug Genussmanufaktur

Grüne Dünen

Quer über die Insel Langeoog

Unsere Radtour startet am **Bahnhof Langeoog.** Für alle, die einen Tagesausflug auf die Insel unternehmen, beginnt die Tour hingegen bereits am **Fähranleger Bensersiel.** Während die Fähre durch die Fahrwasserrinne an Fahrt aufnimmt, weht uns auf dem Außendeck eine kühle Brise entgegen. Schon jetzt können wir in der Ferne nicht nur Langeoog, sondern auch die ostfriesischen Nachbarinseln Spiekeroog und Baltrum erahnen. Die ersten Meter werden wir von Möwen und deren Schreien begleitet, doch schon bald zieht ein anderes Tier unseren Blick an. Bei Niedrigwasser können auf den zahlreichen Sandbänken vereinzelt Seehunde beobachtet werden. Diese heben ihre Schwanzflosse und schauen aufmerksam unserer Fähre entgegen. Kaum sind wir an den Seehunden vorbeigefahren, liegt Langeoog vor uns. Wir wechseln von der Fähre auf die kleine **bunte Inselbahn,** welche uns bereits erwartet. Während die Bahn in niedriger Geschwindigkeit losrattert, zieht das Inselleben an uns vorbei. Spätestens jetzt können wir das Flair von Langeoog spüren und genießen. Am kleinen Bahnhof angelangt finden wir ❶ **Dat Langeooger Radhus,** das uns für eine Radtour über Langeoog ausstattet.

Wir verlassen die **Hauptstraße** und biegen rechts in den Lütje Pad ein. Wer einen genussvollen Start wünscht, biegt am Ende der Straße erneut rechts ab und verlässt diese bereits bei der ersten Gelegenheit links. An der Kreuzung zu unserer Linken liegt die ❷ **Seekrug Genussmanufaktur** mit Bäckerei und Konditorei. Hier erwarten uns leckere Köstlich-

*Vor dem Besuch der Insel Langeoog ist es ratsam, sich über die aktuellen **Fahrradpreise** der zahlreichen Verleihe und den Fährtransport zu informieren. Meist lohnt sich das Übersetzen der eigenen Fahrräder erst bei einem Aufenthalt von einigen Tagen.*

Kilometer: 29

Höhenmeter: 70

Stunden: 4

RUNDTOUR

Fährfahrt nach Langeoog

keiten mit einer großen Auswahl nicht nur an Backwaren, sondern auch an Konfitüren und Eingemachtem, wie Suppen und Soßen. Das Erworbene kann anschließend auf der kleinen Sonnenterrasse verspeist werden. Gut gestärkt verlassen wir die Genuss Manufaktur über die Straße Am Wall zurück und biegen rechts auf den Vormann-Otten-Weg ein. Diesem folgen wir durch eine Linkskurve bis zum Ende der Straße. Hier biegen wir rechts ab und müssen nach wenigen Metern unsere Fahrräder schieben. Wir befinden uns mitten im Herzen der Insel – der **Fußgängerzone** von Langeoog, diese lädt zum Schlendern und Verweilen ein. Nach ungefähr 100 Metern schieben wir unser Fahrrad in die Barkhausenstraße. Zu unserer Rechten und Linken befinden sich zahlreiche Cafés und Restaurants, die zu kulinarischen Ruhepausen einladen. Bereits nach weiteren 250 Metern verlassen wir die Fußgängerzone nach links. Ab hier dürfen wir wieder Fahrt aufnehmen. Der Kurstraße folgend erreichen wir das **3 Haus der Insel** mit dem Tourismus-Service Langeoog. Wer an einem Blick auf Langeoog von oben Interesse hat, sollte hier eine kurze Pause einlegen und die kleine **Legoausstellung** besuchen. Diese stellt mit viel Liebe zum Detail Mini-Langeoog dar. Ebenfalls im Haus der Insel ist das **Schifffahrtsmuseum.** Neben einer Sammlung aus Schiffsmodellen historischer Schiffe können Schiffnavigationsgeräte und Logbücher bewundert werden. Draußen wartet das **Museumsrettungsboot** Langeoog darauf, entdeckt zu werden. Die Kurstraße führt uns in einer kleinen Links-rechts-Kurve weiter bis zum Kava-

lierpad. Hier biegen wir links ab und folgen der kleinen Straße, bis auf der rechten Seite ein kleiner Fahrradstellplatz und vor uns die **bunten Buden** erscheinen. Es wird Zeit, der Seele ein bisschen freien Raum zu geben und die Fahrräder für kurze Zeit ruhen zu lassen. Über einen mit Brettern ausgelegten Weg erreichen wir durch die Dünen den **4 Hauptstrand** von Langeoog. Der traumhaft weitläufige Sandstrand erstreckt sich über 14 Kilometer vor uns und lädt zu einem ausgedehnten Spaziergang über schneeweißen, feinen

Für die Seele

Durch das Grün der einmaligen Dünenlandschaft folgen wir dem Meeresrauschen zum endlosen Sandstrand.

Museumsrettungsboot

Hauptstrand Langeoog

Sand und vereinzelte Muschelbänke ein. Wir sehen nichts, außer Sandbänke, hören das Meeresrauschen und die Möwen in der Luft. So lassen wir Hektik und Stress des Alltags weit hinter uns und genießen die zarte Seite der rauen See.

Durch die frische Meeresbrise erweckt, laufen wir zu unseren Fahrrädern zurück und schieben diese an den bunten Buden vorbei, in welchen verschiedene Snacks zu kaufen und Toiletten zu finden sind. Anschließend biegen wir links ein und schieben die Fahrräder am **Treffpunkt zum Dünensingen** vorbei bis zum Wahrzeichen der Insel, dem **5 Wasserturm.**

Hinter diesem biegen wir rechts ab und dürfen die Fahrräder wieder besteigen. Wir folgen weiter der Straße an der **Kaapdüne** nach links. An der nächsten kleinen Kreuzung entdecken wir das **6 Heimatmuseum Seemannshus** und biegen rechts ab. Im geschichtsträchtigen Seemannshus schließen in romantischer Atmosphäre Verliebte den Bund fürs Leben. Von diesen vielen unvergesslichen Momenten zeugen unzählige Backsteine mit den Initialen und Traudaten der Eheleute am Boden rund um das Haus. Im Museum erfahren wir alles über das historische Langeoog und das Leben der Insulaner. Wir folgen der kleinen Straße weiter links auf die Mittelstraße und biegen die nächste Kreuzung rechts auf die Kirchstraße ein. Dieser folgen wir für ungefähr 1,5 Kilometer. Dabei verlassen wir den Stadtkern und fahren durch den **Langeooger Wald.** Am Rande des Waldes biegen wir rechts ab und radeln in großem Slalom über den Plattenweg an den abwechselnd rechts und links gepflanzten Bäumen vorbei. Schon nähert sich der Deich vor uns und so biegen wir die nächste Straße links ab und erklimmen diesen. Oben angekommen, können wir

*Wer es gerne gemütlich angeht, kann über den Tourismus-Service Langeoog einen **Strandkorb** mieten. Eine Buchung ist über die Vorbestellung der LangeoogCard oder über den Strandkorbservice vor Ort möglich.*

*Das beliebte und romantische **Dünensingen** in der Nähe des Wasserturms findet in der Hauptsaison wöchentlich statt und lockt zahlreiche Gäste ins idyllische Dünental. In der untergehenden Sonne bringen die Seemannslieder eine ganz besondere Atmosphäre.*

Wasserturm

Heimatmuseum Seemannshus

die Fahrräder noch einmal zur Seite stellen und den Dünen weiter nach oben folgen. Von hier haben wir nicht nur eine herrliche Aussicht über das 7 **Westende** der Insel zur Nachbarinsel Baltrum, sondern einen Panoramablick vom Festland bis zum offenen Meer. Segelschiffe und Krabbenkutter prägen das Bild der ostfriesischen Küste und die Sehnsucht nach Weite und Freiheit wird spürbar. Dieser Anblick ist bei jedem Wetter verzaubernd. Anschließend folgen wir dem Deich weiter bis zum **Fährhafen.** Hier kreuzen wir die Schienen der Inselbahn und halten uns rechts, bis wir die Hafendeichstraße erreichen, in welche wir links einbiegen. Beim Vorbeifahren am Fähr- und Yachthafen oder beim Klönen in der 8 **Ostfriesischen Teestube** am Hafen können wir das bunte Treiben der Häfen beobachten. Einheimische und Touristen kommen und verlassen die Insel in einem stetigen Wechsel, doch an unsere eigene Abfahrt wollen wir nun noch nicht denken und treten beherzt in die Pedale. Wir folgen der Hafenstraße durch eine Linkskurve und biegen anschließend rechts am Deich ab. In der Ferne können wir den Langeooger **Flugplatz und Golfplatz** bestaunen. Am Ende der Straße biegen wir rechts ab und folgen der Willrath-Dreesen-Straße für etwa 8 Kilometer bis zum Ostende der Insel zu den **Seehundbänken.** Für die letzten 700 Meter müssen wir unsere Fahrräder parken und zu Fuß weiter-

Inselbahn am Fährhafen

gehen. Es ist kaum zu glauben, dass der kleine Fahrradparkplatz das frühere Ende der Insel darstellte. Auf unserem Weg zu der 9 **Aussichtsplattform Osterhook** lassen wir unseren Blick über das Meer und zum Festland streifen. Vielleicht haben wir Glück und können bereits hier oder bei der Aussichtsplattform Seehunde erblicken. Unser Weg führt uns zunächst so zurück, wie wir gekommen sind. Hierbei müssen wir durch die Westwinde nun meist Gegenwind in Kauf nehmen. Wer eine kleine Stärkung verträgt, kann entspannt in der 10 **Meierei** einkehren. Diese liegt idyllisch, weshalb die Außensitzplätze insbesondere in der Hochsaison heiß begehrt sind. Eine weitere Verschnaufpause durch den Gegenwind in Richtung Westen bietet das 11 **Vogelwärterhaus.** Hier können wir nicht nur Vögel beobachten, sondern auch Wissenswertes über Flora und Fauna der Insel erfahren.

Zeitweilig war auf Langeoog mit bis zu 30.000 Brutpaaren die größte ***Möwenkolonie*** *Deutschlands angesiedelt. Darunter zumeist die Silbermöwe, wir finden auf Langeoog aber auch Lach-, Schwarzkopf-, Sturm-, Mantel- und Heringsmöwen sowie weitere Vogelarten.*

Die Aussicht über die Dünen verzaubert. Unser Weg führt weiter in Richtung Westen, bis ein Fahrradweg rechts zur 12 **Melkhörndüne** abbiegt. Auch der

Ostfriesische Teestube

__Düne__ ist nicht gleich Düne. Weiß-, Grau- und Braundünen weisen Unterschiedlichkeiten in Art und Dichte der Flora auf. Auf Langeoog gibt es viele alte Grau- und Braundünen mit einer geschlossenen Vegetationsdecke, wodurch die Dünen grüner wirken.

Aufstieg zu dieser **Aussichtsdüne** lohnt sich, denn der Blick von der höchsten Düne Langeoogs – mit ihren 20 Metern eine der höchsten Erhebungen in Ostfriesland – reicht über die gesamte Insel sowie das Meer. Auf einer der Bänke können wir eine Pause einlegen und die Landschaft auf uns wirken lassen. Das Lichtspiel der Sonne auf den grünen Dünen lässt die Umgebung in unterschiedlichen verspielten Farben erscheinen. Ein wahrhaftiger Lieblingsort zum Sattsehen. Nach der erholsamen Pause folgen wir dem Fahrradweg durch die Dünen weiter in Richtung Westen.

Bei der nächsten Kreuzung fahren wir geradeaus auf den Pirolatalweg und folgen diesem, bis er neben dem ⑬ **Imbiss Dünen-Oase** endet. Wer noch nicht genug Strand genossen hat, hat hier eine weitere Möglichkeit.

Zu unserer Rechten befindet sich der Dünenübergang zum Oststrand. Unsere Fahrradroute führt uns links in die Gerk sin Spoor. Anschließend biegen wir die zweite Straße rechts ab, bevor wir nach 150 Metern links in den Kiebitzweg fahren. Die nächste Straße biegen wir erneut links ab und folgen der Fritz-Reuter-Straße bis zum Ende, an welchem wir uns rechts halten. Sobald wir die Genuss Manufaktur vom Beginn unserer Radtour erblicken, biegen wir links ab auf die Straße Am Wall, kreuzen nach rechts auf den Vormann-Otten-Weg und fahren nach etwa 50 Metern links in den Lütje Pad. Sobald wir die Hauptstraße erreichen, befinden wir uns an unserem Ausgangspunkt und somit am Langeooger Bahnhof, wo uns zahlreiche Kutschen mit den davor gespannten Pferden begrüßen.

Ostende mit Aussichtsplattform Osterhook

Langeoog
Langeoog
Willrath-Dreesen-Straße
Schloppsee
Langeooger Inselheller
Am Wald
Langeooger Wald
Nationalpark Niedersächsisches Wattenmeer
Fähre von/nach Fähranleger Bensersiel
1
2
3
4
5
6
7
8
9
10
11
12
13

ALLES AUF EINEN BLICK

Entspannung 5/5
Abenteuer 3/5
Vielfalt 5/5

WIE & WANN

Überwiegend asphaltiert, vereinzelte Schotter- und Pflasterwege. Achtung: Einige Streckenabschnitte können sandig sein. Ganzjährig befahrbar. Fährzeiten und Winterpausen der (gastronomischen) Betriebe beachten.

HIN & WEG

Auto: Inselparkplätze, Am Hafen, 26427 Esens (autofreie Insel)
ÖPNV: Keine direkte Anbindung an die Strecke

ESSEN & ENTSPANNEN

2 **Seekrug Genussmanufaktur,** Gartenstraße 14, 26465 Langeoog, Tel. (0 49 72) 3 83, www.seekrug.de
8 **Ostfriesische Teestube,** Hafendeichstraße 11, 26465 Langeoog, www.langeooger.com
10 **Meierei,** Ostende Meierei 9, 26465 Langeoog, Tel. (0 49 72) 2 48, www.falke-meierei.de
13 **Imbiss Dünen-Oase,** Gerk sin Spoor 12, 26465 Langeoog

ENTDECKEN & ERLEBEN

1 **Dat Langeooger Radhus,** Hauptstraße 5, 26465 Langeoog, Tel. (0 49 72) 6 82 53 87
3 **Haus der Insel,** Kurstraße 1, 26465 Langeoog, Tel. (0 49 72) 69 30, www.langeoog.de
4 **Hauptstrand**
5 **Wasserturm,** An der Kaapdüne, 26465 Langeoog
6 **Heimatmuseum Seemannshus,** Casper-Döring-Pad 3, 26465 Langeoog, Tel. (0 49 72) 92 22 33, www.heimatverein-langeoog.de
7 **Westende**
9 **Aussichtsplattform Osterhook**
11 **Vogelwärterhaus**
12 **Melkhörndüne**

Die GPS-Daten zu jeder Tour gibt es auf
www.droste-verlag.de

Konzeption/Satz: Droste Verlag, Düsseldorf
Einbandgestaltung: Britta Rungwerth, Düsseldorf, unter Verwendung von Bildern von © Fotolia.com: Andrey Kuzmin, undrey, dabost, niroworld; © www.stock.adobe.com: Animaflora PicsStock
Fotos: Kyra Buschak und Michael Becker
Textlektorat: Ute König, Kitzingen
Karten: Angelika Solibieda, Karlsruhe
Druck und Bindung: LUC GmbH, Greven

Alle Angaben in diesem Buch wurden sorgfältig recherchiert und geprüft. Für die Richtigkeit der Angaben, für etwaige Unfälle und Schäden jeglicher Art kann keine Haftung übernommen werden; die Nutzung erfolgt auf eigenes Risiko. Abweichungen, die nach Redaktionsschluss erfolgten, konnten im Buch nicht mehr berücksichtigt werden. Hinweise und Änderungen nehmen wir gern entgegen.

FSC www.fsc.org
MIX
Papier | Fördert gute Waldnutzung
FSC® C011279

ISBN 978-3-7700-2569-5
www.droste-verlag.de